WESTEND

Zum Buch
Die Maxime »Höher, schneller, weiter« bestimmt unsere Leistungsgesellschaft. Unser Wohlbefinden und wirkliche Freude bleiben dabei jedoch häufig auf der Strecke: Zu kurz kommen Zeit, Sinn und Hingabe – wichtige Faktoren für die Achtsamkeit gegenüber uns selbst und den kleinen unprätentiösen Dingen, die das Glück bringen. Launig und facettenreich gehen die Autoren Christine Koller und Jon Christoph Berndt in ihrem Lesebuch den vielfältigen Dimensionen auf den Grund und zeigen Wege auf, wie jeder Einzelne glücklicher leben kann.

Jon Christoph Berndt, Jahrgang 1969, ist Management-Trainer und Coach in München. Der studierte Politologe und Redakteur arbeitet für Unternehmen und Einzelpersonen, außerdem für ARD, RTL sowie das Handelsblatt.

Christine Koller, Jahrgang 1967, arbeitet seit 19 Jahren als Journalistin für führende deutsche Medien und hat bereits einige Ratgeber veröffentlicht: »Colour your Life« (2006), »Inspiration – jetzt!« (2008) und »Jetzt nehme ich mein Leben in die Hand« (2009).

Jon Christoph Berndt / Christine Koller

50 *einfache Wege zum Glück*

WESTEND

Mehr über unsere Autoren und Bücher:
www.westendverlag.de

Die Deutsche Nationalbibliothek verzeichnet diese Publikation in der Deutschen Nationalbibliografie; detaillierte bibliografische Daten sind im Internet über http://dnb.d-nb.de abrufbar.

FSC
Mix
Produktgruppe aus vorbildlich bewirtschafteten Wäldern und anderen kontrollierten Herkünften
www.fsc.org Zert.-Nr. GFA-COC-001223
© 1996 Forest Stewardship Council

ISBN 978-3-938060-52-0

Umschlaggestaltung: Bauer+ Möhring, Berlin
Umschlagabbildung: plainpicture
Autorenfoto: Stephan Rumpf
Typografie: Stefanie Silber Gestalten, www.silbergestalten.de
Satz: Fotosatz Amann, Aichstetten
Druck und Bindung: CPI – Clausen & Bosse, Leck
Printed in Germany

»Es gibt keinen Weg zum Glücklichsein.
Glücklichsein ist der Weg.«

Buddha

Für die, die wir lieben

Inhalt

Das Glück ist
in dir!

Vorwort

Auf einem samstäglichen Spaziergang durch den Münchner Olympiapark kamen wir bester Frühlingslaune an einer Verkaufsbude vorbei. Auf der Stelle waren wir fasziniert, denn da stand liebevoll gesprüht: »Das Glück ist in dir!« Wir meinen: Recht hat der Künstler mit seiner schmucken Verzierung. Doch was heißt hier schon Rechthaben? Bezieht sich der Spruch des Sprayers auf die Bude, und das Glück sind Bratwürste, Popcorn und Lollis? All dieses fettige, ungesunde Zeug? Warum nicht, schließlich können genau solche Sachen die schönsten Seelenschmeichler sein, wenn man durch den Park lustwandelt, müßiggeht, Zeit hat und einen lieben Menschen mit sich. Dann ist es formidabel, wenn die Bude geöffnet hat und man sich am Glück bedienen kann. Vielleicht sehen genau Sie, liebe Leserin, lieber Leser, das aber ganz anders; Sie hassen Bratwürste und eben diese Deutung ist viel zu profan für Sie und Ihre Ansprüche an die gepflegte Stadtparkphilosophie. Dann meint der nächtliche Poet eher Sie, den Vorbeiflanierenden. Ja genau, das Glück ist in Ihnen …! Woher er das weiß? Nun, das ist nicht schwer, und es liegt an Ihnen, was Sie in seinem Werk erkennen und erspüren: Es ist in mir, das Glück. Ich kann es fühlen, ich kann es zutage fördern und in mein Leben einbauen. Und zwar genau so, wie es mir behagt. So einfach klingt das, und so schwierig, nebulös, beschwerlich ist es oftmals, dass es tatsächlich wahr wird. Deshalb finden Sie auf den folgenden Seiten 50 Anregungen dafür, wie es etwas müheloser, einfacher, erquicklicher geht. Bergen Sie das Glück in sich selbst, bewegen und bewahren Sie es. Auf dass Ihr Leben damit noch ein bisschen gehaltvoller, sinnstiftender und zufriedener wird.

Christine Koller und Jon Christoph Berndt
Zuoz, München, Ruhpolding im Sommer 2010

Einführung

Glück ist so ein kleines, wundervolles Wort. Eine Prise, von der jeder gerne etwas mehr im seinem Leben hätte, weil es den Alltag so viel bunter, leichter und schöner macht. Doch: Was ist Glück? Bei dieser Frage wird klar, wie komplex das Ganze ist. Oder können Sie spontan eine Antwort geben? Vermutlich nicht, denn Glück ist vielschichtig. Es begegnet uns in den verschiedensten Formen, Bereichen und Facetten unseres Lebens. Glück gibt es als großes, allumfassendes Gefühl und in kleinen feinen Dosen. Denken Sie nur daran, wie es war, als Sie sich das erste Mal verliebten, als Sie den Job oder den Auftrag Ihres Lebens ergatterten, als Sie eine tiefgreifende Erkenntnis hatten und sich absolut in Ihrer Mitte fühlten. Denken Sie an die vielen kleinen Glücksmomente: Wenn die ersten Sonnenstrahlen des Frühlings Ihre Nase kitzeln, wenn Sie vor Freude lauthals lachen, wenn Sie die erste Kastanie des Herbstes finden und sie als Handschmeichler in Ihre Hosentasche stecken, wenn Sie frischer Kaffeeduft sonntags aus dem Bett lockt. All das ist Glück, es sind die Momente auf Wolke sieben. Daran beteiligt sind Glückshormone – Endorphine, Serotonin, Dopamin. Sie lassen uns im Augenblick des Glücks ganz besondere Höhenflüge erleben.

Die Euphorie der kleinen Glückskicks und das große Gefühl von Zufriedenheit und Angekommensein sind Thema Dutzender Studien: »Happiness Research«, also Glücksforschung, versucht herauszufinden, was unser Glück hemmt und was es fördert. Eine der wichtigsten Erkenntnisse: Bürger wohlhabender Industrienationen sind nicht glücklicher als Menschen in Schwellen- und Entwicklungsländern. Am glücklichsten sind laut solcher Erhebungen die Dänen, es folgen die Puerto Ricaner, Kolumbianer, Isländer und Irländer; erst an 36. Stelle kommen die Deutschen. Begründung: Nur in sehr armen Ländern ist Geld tatsächlich ein entscheidender Überlebens- und Glücksfaktor. Sind bei einem Jahreseinkommen von etwa 40 000 Euro die Grundbedürfnisse erst einmal befriedigt, bedeutet ein weiterer Zuwachs von Einkommen nicht unbedingt oder sogar eher nicht mehr Zufriedenheit und Glück. Das bestätigen auch die vergangenen 50 Jahre in der Geschichte der westlichen Industrieländer: Niemals zuvor gab es ein solch lang anhaltendes Wirtschaftswachstum und sind wir dennoch nicht glücklicher geworden. Schuld daran ist das so genannte Easterlin-Paradox. Die nach dem US-amerikanischen Ökonomen Richard Easterlin benannte Theorie schreibt den Umständen »Gewöhnung« und »Vergleichen« die Ursachen dieser Unzufriedenheit zu. Wir stumpfen ab und schätzen das, was wir haben, immer weniger. Zugleich schauen wir auf das Einkommen und den Besitz der anderen und sagen uns: »Mist, mein Nachbar fährt ein dickeres Auto, der verdient mehr als ich.« Oder: »Mein Freund ist jetzt schon zum dritten Mal dieses Jahr in Urlaub, der hat's einfach besser als ich.« Das ist Wasser auf die Mühlen der nagenden Unzufriedenheit. Oder wie bereits 1906 der US-amerikanische Satiriker Ambrose Bierce meinte: »Glück ist ein angenehmes Gefühl, das aus der Betrachtung fremden Elends erblüht.«

Gewöhnung und Vergleichen trüben also die Freude und verhindern, dass wachsender Wohlstand uns glücklicher macht. Nachdem wenige Jahre nach dem Niedergang der New Economy nun die angespannte Weltfinanzlage für weitere Depression sorgt, machen sich viele Regierungschefs verstärkt Gedanken: Wie kann man die Lebensqualität und die Zufriedenheit der Staatsbürger erhöhen? Sie engagieren Experten, die Antworten finden sollen auf die Frage, was uns – losgelöst von wachsendem oder schrumpfendem Wohlstand – wirklich zufriedener macht. »Die Garantie permanenten Wohlstands ist brüchig geworden, ebenso wie die staatliche Alters- und Gesundheitsversorgung«, erklärt die Zukunftsforscherin Kerstin Ullrich von der Gesellschaft für Innovative Marktforschung in Heidelberg. Sie sieht einen Wandel weg von der Spaßgesellschaft hin zur Sinngesellschaft: »Wir vertreiben uns nicht mehr die Zeit mit City-Hopping, Bungee Jumping und Caipi-Partys, sondern besinnen uns auf das Vertraute«, so ihre Erkenntnis.

Dass das Vertraute, dass Traditionen und Werte glücklich machen, steht sogar in der Verfassung des Himalaya-Staates Bhutan: Seit 1972 schaut die Regierung nicht auf das Bruttoinlandsprodukt, sondern hat sich dem »Bruttoglücksprodukt« (»Gross National Happiness«) verschrieben. Der GNH-Index prüft Indikatoren wie Sich-Wohlfühlen, Bildung, Umgang mit Zeit und Umwelt, Kultur, Gemeinschaft, Lebensstandard, Gesundheit und Zufriedenheit mit der Politik. Bhutan ist von der buddhistischen Lebensphilosophie geprägt. Das bedeutet, dass sich der Einzelne seiner Verantwortung gegenüber sich selbst bewusst ist, genauso wie gegenüber der Gemeinschaft, der Umwelt und dem Leben. Zu einem ähnlichen Ergebnis kommt ebenfalls die einschlägige Glücksforschung, wenn sie folgende Faktoren als entscheidend für das Empfinden subjektiven Glücks ansieht:

1. stabile Partnerschaft
2. befriedigender Job
3. Freunde und soziale Kontakte
4. Gesundheit
5. selbstbestimmtes Leben
6. sinngebende Lebensphilosophie
7. Einkommen, das die Grundbedürfnisse sichert

Sozialen Beziehungen kommt nach Ansicht der Glücksexperten eine zentrale Stellung zu. Sie stützen, geben Sicherheit in unsicheren Zeiten und machen uns – im Gegensatz zu Karriere, Geld und Statussymbolen – wirklich glücklich. Die einfache Gleichung: Wer zu viel Zeit in seine Arbeit steckt, vernachlässigt andere Aktivitäten, vor allem das Zwischenmenschliche. Und spätestens wenn er trotz Ehrgeiz und Streben zu Kurzarbeit verdammt wird oder gar seinen Job verliert, packt ihn das große Heulen. Daher raten Glücksforscher ebenso wie die Bhutaner zur goldenen Mitte. Auch die Philosophen des Altertums predigten diese Haltung. So plädierte Aristoteles für »das rechte Maß« und Epikur für »nichts zu sehr«. Eine Einstellung, die wir gerade beim Karrieremachen beherzigen sollten, damit Zeit zum Nachdenken und für unsere Lieben bleibt. Schließlich finden wir dauerhaftes Glück nur dann, wenn wir unser Streben im Hier und Jetzt mit einem höheren Ziel verknüpfen. Und: Belohnt wird die Sinnsuche mit mehr Zufriedenheit im Leben. Wir empfinden dann ein stärkeres Gefühl von Angekommensein, von In-unserer-Mitte-sein.

Allerdings, und hier sind sich alle Experten einig: Wir brauchen auch das Unglück, um das Glück richtig schätzen und erkennen zu können. »Wenn man eine Krise bewältigt hat, erlebt man das Glück wieder intensiver«, erklärt die Münchner Glücksforscherin Annegret Braun im Interview mit der *Süddeutschen Zeitung*. Sie ist überzeugt davon, dass man an seinem Empfinden arbeiten kann: »Glück ist eine Sache der Wahrnehmung – das Glück ist da, man muss es nur sehen.« Diese Einstellung deckt sich mit Aussagen von Vertretern der Positiven Psychologie. Sie glauben, dass wir 40 Prozent unseres Glücksempfindens selbst kontrollieren können, indem wir positiv denken und vor allen Dingen begreifen, wie glücklich wir uns schätzen können, gerade in der heutigen Zeit geboren zu sein. Das bestätigt der US-amerikanische Psychologe Mihaly Csikszentmihalyi in seinem Buch *Flow*: »Wenn man sich an der Bedürfnispyramide orientiert, die der Psychologe Abraham Maslow entwickelt hat, dann ist die Tatsache, dass wir es uns leisten können, Glück zu erforschen, ein deutliches Anzeichen dafür, dass wir uns als Gesellschaft weit fortentwickelt haben. Wenn wir alle kalt, nass und hungrig wären, würden wir uns primär für die nächste Mahlzeit und ein trockenes Plätzchen im Warmen interessieren.«

Welch ein Glück, dass wir im 21. Jahrhundert leben! Finden Sie nicht? Barbara Fredrickson von der University of North Carolina geht noch einen Schritt weiter: Nach 20 Jahren Glücksforschung macht die Vertreterin der Positiven Psychologie einen Glücksquotienten dafür verantwortlich, dass der Mensch durch die richtige Einstellung zum Leben aufblüht: »Emotionen hängen nicht primär von den Umständen ab, sondern davon, wie wir diese interpretieren«, so Fredrickson gegenüber dem Magazin *Focus*. Um im Lager der »Gedeihenden« (im Fachjargon »Flourishing«) zu sein, gilt ihrer Meinung der Faktor 3:1. Das heißt, wir sollten auf jedes schlechte Gefühl drei gute Gefühle kommen lassen. Ideal wäre der Faktor 6:1 – vor allem in Beziehungen. Allerdings lebt der Durchschnittsmensch in der Regel lediglich einen Faktor von 2:1, und den gilt es zu steigern.

Gute Unterstützung dabei bieten Ihnen die 50 in diesem Buch beschriebenen Wege. Sie zeigen, wie Sie sich in Zeiten wie diesen öffnen und mehr Glück in Ihr Leben lassen können; auf dem Weg zum Faktor 6:1.

Sechs Kapitel untergliedern die »50 einfachen Wege zum Glück«. Sie decken alle Facetten des Glücksempfindens ab, sodass Sie sich gezielt diejenigen herausgreifen können, die Sie besonders interessieren oder gar faszinieren, die Ihnen die Augen öffnen, und Ihre Begleiter sind auf dem Weg zu einem (sinn-)erfüllteren Leben; im Alltag wie in den ganz besonderen Momenten. Der Glückstest zum Schluss zeigt Ihnen Ihren Glücksstatus und lässt Sie erkennen, wo es Bereiche gibt, die Sie stärker in Ihr Leben integrieren sollten, um einen Tick glücklicher zu werden. Was genau Ihr Glück ausmacht, ist gar nicht so weltbewegend und groß, wie Sie vermutlich denken. Sehen Sie die Frage »Was ist Glück für Sie?« im Rahmen des Tests deshalb nicht als rhetorische Frage, sondern machen Sie sich bitte wirklich Gedanken dazu.

Es sind die kleinen Dinge, die das Leben lebenswert machen. Horcht man in sich hinein, befragt man sein Umfeld oder Menschen in der Fußgängerzone, sprechen sie alle von den Dingen zwischen den großen Zeilen des Lebens. Welche das genau sind, zeigen Ihnen die eingestreuten Zitate – das Glück dreht sich um Liebe, Freundschaft, Begeisterung, gutes Essen, Lachen, eine Parkbank in der Sonne und Kuscheln mit der Familie. Es kann so einfach sein, man muss es nur erkennen. Sie haben mit Sicherheit viel mehr Glück im Leben, als Sie denken. Es ist nämlich in Ihnen. Lesen Sie los!

Liebevolles Ich

Jeder ist, ganz klar, seines Glückes Schmied. Wie sehr, zeigt die Hollywood-Komödie *Besser geht's nicht* mit Jack Nicholson in der Rolle des New Yorker Schriftstellers und Menschenfeindes Melvin: Mit all seinen Nachbarn zerstritten und unter Zwangsneurosen leidend, isst er im Restaurant nur mit Plastikbesteck, benutzt zum Händewaschen jedes Mal ein neues Stück Seife und hütet sich vor dem Betreten der Fugen im Straßenpflaster. Seine Liebe zu der Kellnerin Carol und die Sorge um ihren asthmakranken Sohn bekehren Melvin schließlich. Er fängt an, sich um seine Mitmenschen zu kümmern, und wandelt sich vom Ekelpaket zum einfühlsamen Zeitgenossen. Die Botschaft: Jeder, wirklich jeder hat das Potenzial, die Liebe *in* sich und *für* sich zu finden und glücklich zu werden. (Und dafür müssen Sie gar nicht erst so ein sperriger Zeitgenosse wie Melvin sein.) Dass das möglich ist, bestätigen die Glücksforschung und die Positive Psychologie. Die folgenden Kapitel sollen Sie dazu inspirieren, einen liebevolleren Zugang zu sich selbst zu finden. Besonders geht es dabei um die bewusste Wahrnehmung und um die positive Lebenseinstellung, die mehr Sonne in Ihr Leben zaubert.

Positive Lebenseinstellung

Sind Sie Optimist oder Pessimist oder – das (vermeintliche) Mittelding – eher Realist? Manche Menschen sind von ihrer Grundkonstitution her durchweg stark und positiv eingestellt. Anderen hingegen fällt es schwer, mit Rückschlägen umzugehen; sie verzweifeln schnell. Dem idealtypischen Realisten begegnen wir zwar in Literatur und Wissenschaft, aber wer ist schon wirklich immer komplett rational und ultrarealistisch unvoreingenommen und betrachtet die Dinge emotional völlig ungefärbt und rein sachlich nur mit dem Verstand? Wir sind eben »Mischwesen«, und neben unserem realistischen Teil bestehen wir alle auch aus einem Teil Optimist und einem Teil Pessimist. Doch welcher Antreiber hat den größten Anteil und behält die Oberhand, wenn's wirklich drauf ankommt? Das ist ausschlaggebend für unsere eher positive oder eher negative Einstellung dem Leben gegenüber, gerade in schwieriger Zeit.

Sind Sie ein kleiner oder gar ein großer Lebenszweifler? Dann wissen Sie bestimmt im Grunde selbst, dass es bei Ihnen eigentlich eine ganze Menge Anlässe zur Freude und ganz wenige zum Trübsalblasen gibt. Aber, sooft Sie es auch versuchen, Sie können einfach nicht aus Ihrer Haut: Nach jahrelangem Training und unendlich viel Erfahrung geht das Niedergeschlagensein in der Gefühlskälte einfach viel besser als der Ringelreihen in der Frühlingsluft. Und jetzt? Wie kommen Sie wieder in einen besseren Modus?

Oft probiert, nie geklappt: Sich zu verkriechen führt unterm Strich einfach zu nichts. Der einzige Weg in trüber Zeit führt über das bewusste Annehmen der Situation, das Erkennen des Problems und die effektvolle Aktivität. Zugegeben, leicht gesagt und schwer getan. Wie kann es dann gehen mit der positiven Lebenseinstellung? Vor allem, woher kommt die Negativspirale eigentlich?

Miesepetrigkeit und stinkstiefelhaftes Verhalten beruhen vielfach auf Angst: vor Verlust, vor Rückschlägen, vor Versagen und so weiter – jeder hat da einen etwas anderen wunden Punkt. Ist die Angst erst einmal groß genug, kann es passieren, dass wir Aufgaben und Herausforderungen, für die wir ganz eindeutig die besten Fähigkeiten besitzen, gar nicht erst anpacken. Und zwar nur deshalb, weil es sowieso schiefgeht – meinen wir. Dabei gibt es laut Henry Ford »mehr Leute, die kapitulieren, als solche, die scheitern«. Ob er recht hat? Gefühlt ganz bestimmt. Angst lähmt und verhindert, dass wir unser Potenzial ausschöpfen. Irgendwann stellt das Kopfzermartern den Dauerzustand dar, hört nirgendwo mehr auf. Und Neid und Missgunst gegenüber den anderen, die alles besser können, gedeihen formidabel. Spätestens hier kommt Paul Watzlawick ins Spiel mit seiner Geschichte von dem Mann, der bei seinem Nachbarn einen Hammer borgen möchte, aber der Nachbar will ihm den Hammer doch ganz bestimmt nicht geben, der hat doch sowieso etwas gegen ihn, und der Mann klingelt schließlich doch drüben. Als der Nachbar öffnet, brüllt er nur noch, getrieben von seiner Lebenseinstellung: »Behalten Sie sich Ihren Hammer, Sie Rüpel!«

Mit solch einer grundnegativen Einstellung allem und jedem gegenüber wird niemand geboren. Vielmehr ist sie irgendwann einfach da. Erst so ein bisschen, dann schleicht sie sich weiter ein. Bald hat sie so richtig schön Zeit zu reifen und sich ihren Raum zu nehmen; krakenhaft, wie eine Infektion, deren Viren nach und nach alle Lebensbereiche vereinnahmen und dann beginnen, sogar den anderen im privaten wie im beruflichen Umfeld so richtig auf den Geist zu gehen. Schließlich werden die Lebensumstände immer beschwerlicher, und erst jetzt merkt der Mensch, was mit ihm passiert ist. Dann findet er aber nur schwer heraus aus der Spirale. Er kann vereinsamen und tatsächlich krank werden. Was für ein unermüdlich positiv Eingestellter war dagegen Thomas Alva Edison: Wenn der beim Erfinden der Glühbirne nicht so beharrlich gewesen wäre, säßen wir unter Umständen heute noch nach Einbruch der Dunkelheit im Dunkeln. Mittendrin im Werkeln ohne Unterlass fragte ihn vor gut 130 Jahren ein Reporter, ob er denn nach tausend erfolglosen Versuchen, die Glühbirne zu konstruieren, nicht total frustriert sei. Die Antwort: »Nein, jetzt kenne ich tausend Möglichkeiten, wie es nicht funktioniert.« Aha, das klingt doch mal motiviert, engagiert, hoch frustrationsresistent. So wären wir alle gern! Edison hat seine Misserfolge als Erfahrung angesehen und nicht als Niederlage. Das ist der kleine, feine, so entscheidende Unterschied. Mehr noch: Entsprechend seiner Persönlichkeitsstruktur und seiner Einstellung dem Leben gegenüber waren die Erfahrungen sogar erbauliche Erkenntnis für ihn; also jede ein echter Gewinn.

Es gibt exakt so viele unterschiedliche Lebenseinstellungen, wie es verschiedene Menschen gibt. Manche können ihr Leben gar nicht schätzen und schon gar nicht zeigen, wie gut es ihnen vielleicht eigentlich geht. Fehlt ihnen einfach ein entscheidendes Teil in ihrem ganz persönlichen Frohsinnspuzzle, wofür sie noch nicht einmal etwas können? Oder eben doch? Andere wiederum lachen immer und ewig die Sonne weg. Sie nehmen alles und jedes auf die leichte Schulter, sind sie auch gerade in ihrem Leben mit so viel Widrigkeiten konfrontiert. Die einen sind kreuzsterbensunglücklich, und das gleich bis zum Monatsende, wenn ihnen ein Euro in den Gully gefallen ist. (»Endlich habe ich wieder einen anständigen Grund zum Miesepetrigsein.«) Die anderen sagen sich nach dem Verlust eines geliebten Menschen oder ihrer ganzen Firma oder von gleich beidem, am Ende der konstruktiven Trauerphase, wenn die Sonne wieder beginnt zu scheinen, dass das Leben doch wirklich eines der schönsten ist. (»Endlich kann ich wieder lachen!«) Das sind Menschen wie der lebensgeprüfte ehemalige Frankfurter Unternehmer Dr. Bernhard Schanz, der altersweise sagt: »Im Grunde besteht das Leben aus lauter Krisen. Man muss sie nur zu meistern wissen.«

Positiv denken und handeln hat eben viel mit Optimismus (lat. optimum: das Beste) zu tun. In der ursprünglichen Bedeutung war der Optimist absolut lebensbejahend und glaubte fest daran, in der besten aller möglichen Welten zu leben. Heute ist er immerhin noch fest von einem guten Ende überzeugt, und das ist ja auch schon etwas. Der Optimist sieht den Stand der Dinge, erscheint er noch so unheilvoll, im Licht dieser positiven Zukunftserwartung. Dagegen der Pessimist (lat. pessimum: das Schlechteste, Böseste): Ihn treibt seine Lebensanschauung von der unverbesserlich schlechten Welt, und er erwartet ein böses Ende. Die stets unheilvolle Zukunft vor Augen, hält er die Situation durchweg für unheilschwanger, mag sie auch noch so positiv und schön erscheinen.

Die Reinform für Ihre Lebenseinstellungs-Antreiber gibt es nicht. Bewahren Sie sich auf jeden Fall *alle* Anteile – die des Optimisten, des Realisten und des Pessimisten. Deshalb ist der Ideal-Lebensbejaher so etwas wie ein realistisch-pessimistischer Optimist. Den kann so schnell nichts erschüttern, und das Leben beschert ihm beides: immer mal wieder richtig traurig sein, sonst wäre es kein Leben, und vorher und nachher dafür regelmäßig ein richtig schönes Wohlbefinden.

»Glück ist eine Sache der Einstellung: Der Optimist erkennt das Glück, während der Pessimist das Unglück darin sieht.«

Caroline Mücke, 21, Studentin, München

Wie ist Ihre Haltung dem Leben gegenüber? Hier sind fünf Anregungen für eine positive Lebenseinstellung:

1. Wenn Ihnen etwas nicht auf Anhieb gelingt, ist die Glühbirne in der schönsten Lampe um Sie herum Ihr Anker im tiefen Erfahrungsgrund: Denken Sie bei dem Anblick an Thomas Alva Edison und daran, wie er seine Misserfolge zu Erfahrungen machte.
2. Es kommt nicht darauf an, dass Sie ständig Glück haben oder nie ein missliches Erlebnis. Wichtig ist vielmehr das Bewusstsein, dass auch der schwärzeste Schatten weiterwandert und dann die Sonne wieder scheint.
3. Der Mensch braucht für ein wahrlich erfülltes Leben auch das Unglück: Immer wenn Sie es überwunden haben, können Sie nachfolgendes Glück erst richtig wahrnehmen und wertschätzen.
4. Die Meinung darüber, ob Sie versagt haben oder Erfolg hatten (und damit, ob Ihnen zum Lachen oder zum Weinen zumute ist), hat immer mit Ihren – vielleicht auch überzogenen – Erwartungen zu tun. Objektiv betrachtet hat Ihre Mühsal unter Umständen zu nichts weniger als einem ordentlichen Ergebnis und keinesfalls zum Versagen geführt; niemand außer Ihnen selbst findet das dann beweinenswert. So gesehen kein Grund für Trübsal.

5. Am Wichtigsten: Positive Lebenseinstellung heißt, nicht allein zu sein. Wahre Freunde teilen Ihr Lebensleid und verdoppeln Ihre Lebensfreude. (Lesen Sie mehr dazu im Kapitel »Freundschaften pflegen«, Seite 96.)

2 *Achtsam sein, denken und handeln*

Wenn alle unsere Sinne geschärft sind und unser Kopf vollständig auf Empfang geschaltet ist, dann sind wir achtsam. Ein Beispiel: Sie trinken eine Tasse Tee und nehmen bewusst seine Farbe wahr. Sie merken, wie zart der Henkel der Tasse ist, der sich kühl an Ihren Finger schmiegt. Sie spüren den heißen Tee an Ihren Lippen, riechen seinen feinen Duft und trinken. Hmm, wie gut schmeckt dieser Schluck, der da Ihre Kehle hinunterrinnt, denken Sie, und setzen die Tasse mit einem Lächeln und zartem Porzellanklappern auf die Untertasse zurück. Im Moment der Achtsamkeit sind Sie gänzlich Auge, Ohr, Nase, Gefühl und Geschmack. Ihre aktuellen Gedanken sowie das Wissen um Ihr Eingebundensein in eine soziale und ökologische Lebenswelt runden dieses Panorama-Bewusstsein der Achtsamkeit ab. Das funktioniert, indem wir uns ganz auf uns selbst und unsere Umwelt – die Menschen und Dinge, die uns umgeben – konzentrieren. Unser gegenwärtiges Dasein wird so zum Gegenstand unserer Wahrnehmung, ohne dass wir dabei eine bewertende Haltung einnehmen. Stattdessen akzeptieren wir, was ist, und schenken der sinnlichen Erfahrung besondere Aufmerksamkeit. Nicht von ungefähr ist Achtsamkeit die Essenz des Buddhismus.

Auf folgenden vier Voraussetzungen – so das Magazin *Psychologie heute* – fußt Achtsamkeit:

1. Über-Bewusstsein: Wir verlieren uns nicht in einer Tätigkeit, sondern sind uns bewusst, dass wir etwas Bestimmtes tun.
2. Nicht-abgelenkt-Sein: Unsere Wahrnehmung wird nicht beeinträchtigt durch Grübeleien, Zukunftssorgen, Gefühle oder andere Störungen.
3. Neutralität: Wir beurteilen oder bewerten das Wahrgenommene nicht, auch wenn uns etwas bereits bekannt vorkommt und wir gerne auf unsere Vorurteile oder Erfahrungen zurückgreifen möchten. Wir registrieren die Geschehnisse, ohne Gedanken oder Gefühle unterzumengen.
4. Perspektivenwechsel: Wir sind uns bewusst, dass unsere Sichtweise falsch, beschränkt oder einengend sein kann, weil Dinge aus unterschiedlichen Perspektiven betrachtet werden können.

Achtsamkeit ist eine Fähigkeit, die man nicht lernen muss. Möchte man seine Achtsamkeit schulen, geht es mehr um ein Aktivieren als um ein komplettes »Neu-Erlernen«. Denn von Natur aus ist jeder Mensch achtsam. Diese Fähigkeit ist entwicklungsbiologisch begründet: Um zu überleben, waren unsere Vorfahren gezwungen, ihre Umgebung genau zu scannen und alles wahrzunehmen, was um sie herum passierte. Ob es sich nun um Feinde oder um Artgenossen drehte, um witterungsbedingte, zeitliche oder klimatische Veränderungen. Natürlich: Es kostet Kraft, achtsam durch die Welt zu gehen, sonst würde es jeder von uns einfach tun. Doch seien Sie versichert: Wer immer es versucht beziehungsweise zu seinem Lebenshabitus macht, wird mit einem reichen, ruhigen und erfüllten Leben belohnt.

Ein Mann wurde einmal gefragt, warum er trotz seiner vielen Beschäftigungen immer so glücklich sei. Er sagte: »Wenn ich stehe, dann stehe ich, wenn ich gehe, dann gehe ich, wenn ich sitze, dann sitze ich, wenn ich esse, dann esse ich, wenn ich liebe, dann liebe ich …«

Da fielen ihm die Fragesteller ins Wort und sagten: »Das tun wir auch, aber was machst du darüber hinaus?«

Er sagte wiederum: »Wenn ich stehe, dann stehe ich, wenn ich gehe, dann gehe ich, wenn ich …«

Wieder sagten die Leute: »Aber das tun wir doch auch!«

Er aber sagte zu ihnen: »Nein – wenn ihr sitzt, dann steht ihr schon, wenn ihr steht, dann lauft ihr schon, wenn ihr lauft, dann seid ihr schon am Ziel.«[1]

Versuchen Sie, so oft wie möglich Achtsamkeit zu üben. Zum Beispiel indem Sie Ihren Tag bewusst beginnen. (Lesen Sie mehr dazu im Kapitel »Den Tag bewusst beginnen«, Seite 42.) Indem Sie während Ihres Weges zur Arbeit Ihre Sinne aktivieren oder beim Einkaufen bemerken, dass der Mann hinter Ihnen an der Supermarktkasse nur ein Päckchen Kaugummi zu zahlen hat. Was kostet es Sie, ihn vorzulassen und sich selbst über ein aufrichtiges »Danke« zu freuen? Oder statt eine Tiefkühlpizza in den Backofen zu schieben, nehmen Sie sich die Zeit und bereiten Sie sich Ihr Lieblingsgericht selbst zu. Zwar bekommt man dafür keinen Orden, doch fühlen Sie sich nach einem handgekochten Essen viel geliebter und umsorgter als nach dem Genuss einer Fast-Food-Pizza mit Analogkäse und Separatorenschinken.

Achtsamkeit heißt auch, Kontexte zu erkennen, Geschehnisse und Vorhaben in Relation zu setzen. Es bedeutet stetes Anpassen an eine gewohnte Situation, in diesem Sinne das permanente neue Erfahren von schon Bekanntem. Verlassen wir uns auf eingeschliffene Gewohnheiten und den Autopilot-Modus, dann nehmen wir uns die Möglichkeit, Situationen und Vorgänge neu zu erleben. Die Folge: Wir schließen Achtsamkeit von vornherein aus. Wann zum Beispiel haben Sie bewusst eine Tasse Tee oder Kaffee getrunken? Wann einfach mal etwas Neues ausprobiert? Wie steht es mit Ihrer Neugier? Mit Ihrer Kreativität? Mit Ihrer Liebe für sich und Ihre Umwelt? Spüren Sie dabei etwas, oder müssen Sie bei diesen Gedanken mit »Ich weiß nicht« die Schultern zucken?

Hier ein paar weitere Fragen, anhand derer Sie prüfen können, wie es um Ihre Achtsamkeit bestellt ist:

- Hören Sie bewusst auf Ihren Körper, was er Ihnen sagt? Wissen Sie, wann Sie eine Pause brauchen? Merken Sie, wann Sie Hunger haben, und wenn ja: auf was? Schaufeln Sie schnell ein Mittagessen in sich hinein, oder entscheiden Sie sich bewusst und genießen jeden Bissen?
- Hören Sie auf Ihren Bauch und Ihre Gefühle? Haben Sie zwar viel zu tun, vermissen aber soziale Kontakte, wahre Freunde beziehungsweise Familie? Lieben Sie das, was Sie tun? Müssen Sie immer stark sein, oder können Sie sich auch einmal fallen lassen? Gehen Sie den einfachen oder den richtigen Weg?
- Sind Sie sich stets bewusst, was Sie tun? Nehmen Sie jeden Tag denselben Weg zur Arbeit, oder variieren Sie und schauen sich Ihre jeweilige Umgebung genau an? Haben Sie schon einmal eine Stadtführung durch Ihre Heimatstadt gemacht, oder kennen Sie Paris, Barcelona oder Hongkong besser?
- Nehmen Sie sich aktiv Zeit für sich? Entscheiden Sie sich bewusst dafür, Zeit mit sich selbst zu verbringen? Reflektieren Sie Ihr Handeln, und entscheiden Sie sich dadurch immer

neu, diesen oder jenen Weg zu gehen? Sind Sie wirklich bei sich, oder beschäftigen Sie sich nur mit Oberflächlichkeiten, die Ihr Wesen, Ihr Äußeres angehen?

- Achten Sie auf die Welt um sich herum, oder sind Sie vielleicht zu engsichtig? Beziehen Sie andere in Ihre Lebenswelt mit ein? Lassen Sie zu, dass andere Menschen in Ihrem Leben eine Rolle spielen? Wenn ja, möchten Sie dann auch, dass es ihnen gut geht?
- Was erwarten Sie von anderen? Können andere mit Ihrer Hilfe rechnen? Wenn jemand schwer bepackt mit Tüten oder Kinderwagen sich die Treppen zur U-Bahn hoch- oder hinunterquält, helfen Sie? Denken Sie daran, was Ihr Verhalten für Konsequenzen haben kann?
- Erstreckt sich Ihre Achtsamkeit auch auf die Umwelt? Achten Sie darauf, Ressourcen zu schonen und Licht, Strom, Wasser, Treibstoff nicht unnötig zu vergeuden?
- Lassen Sie sich von überschäumenden Emotionen leiten? Besitzen Sie noch die Kontrolle über sich, wenn Sie wütend, verletzt oder enttäuscht sind? Enttäuschen Sie andere, indem Sie diesen die Chance nehmen, »normal«, also sachlich mit Ihnen zu sprechen? Dann sollten Sie entschlossen sein, liebevolles Sprechen und mitfühlendes Zuhören zu üben, um Leiden zu lindern und Versöhnung und Frieden in sich und zwischen anderen Menschen zu fördern.

»Im Wissen, dass Worte sowohl Glück als auch Leiden hervorrufen können, bin ich entschlossen, wahrhaftig zu sprechen und Worte zu gebrauchen, die Vertrauen, Freude und Hoffnung wecken«, rät einer der Meister der Achtsamkeit, der buddhistische Mönch Thich Nhat Hanh, und meint, wenn Ärger aufsteigt, sollten Sie entschlossen sein, nicht zu sprechen. Stattdessen sollten Sie zuerst einmal nach dem Ursprung des Ärgers schürfen. Durch dieses Innehalten können Sie erkennen, woher Ihr fehlendes Verständnis für Ihr eigenes Leiden und das der anderen Person rührt, so Thich Nhat Hanh. Um achtsamer zu handeln, zu denken und zu fühlen, regt der Meister an, tägliche Achtsamkeitsübungen zu praktizieren, zum Beispiel beim Atmen, Gehen, Telefonieren oder Essen.

Am Beispiel des Essens rät er: Atmen Sie vor Ihrer Mahlzeit dreimal ein und aus. Nehmen Sie die Gegenwart jedes Einzelnen wahr, der mit Ihnen isst, und lächeln Sie ihn an. Dann denken Sie:

- Erster Gedanke: Diese Nahrung ist das Geschenk des ganzen Universums: der Erde, des Himmels, des Regens und der Sonne.
- Zweiter Gedanke: Wir danken all den Menschen, die diese Nahrung hergestellt haben, besonders den Bauern, den Verkäuferinnen auf dem Markt und den Köchen.
- Dritter Gedanke: Wir nehmen nur so viel auf unseren Teller, wie wir essen können.
- Vierter Gedanke: Wir wollen die Nahrung langsam kauen, damit wir sie genießen können.
- Fünfter Gedanke: Diese Nahrung gibt uns die Energie, liebevoller und verständnisvoller sein zu können.
- Sechster Gedanke: Wir essen diese Nahrung, um gesund und glücklich zu sein und einander zu lieben.

3 *Kindliche Neugier bewahren*

Was viele von uns mit dem Reiferwerden verlieren, ist das Interesse am Ungekannten, Ungewohnten, Neuen – am wahren, echten Leben. Ist dieses Interesse erst einmal erlahmt, leben wir wie in einer Schneekugel: Wir wissen nicht mehr, was in der Welt wirklich los ist. Wir machen uns, ganz Pippi Langstrumpf, unsere eigene Welt, wie sie uns gefällt. Doch so hat Pippi das nicht gemeint: Es ist etwas anderes, ob wir Baumhäuser bauen, Bäche anstauen, bunte Ringelklamotten anziehen und Pferde in die Luft heben. Oder ob wir Assistentinnen schurigeln, »weil man das in unserer Position halt so macht«; Flusskrebse und Jakobsmuscheln essen, weil – was denn sonst? Mit dem Auto die paar Kilometerchen ins Büro düsen, weil die Straßenbahn irgendwie asselig ist; seit 25 Jahren nach Dänemark in die Sommerferien fahren, weil es da wie daheim ist. Dann wissen wir irgendwann nicht einmal mehr, wie hoch der Hartz-IV-Satz aktuell ist, was politisch in Thailand los ist, wie viel Porto ein Inlandsbrief kostet …

Erkennen Sie sich wieder? Genau so oder irgendwie ganz anders? Keine Sorge, damit befinden Sie sich in bester Gesellschaft. Ist halt ab einer gewissen Lebensphase so, wenn man nicht aufpasst. Dazu muss man auch kein Topmanager sein, obwohl die ganz besonders anfällig dafür scheinen, dass sich ihre Neugier ab einer gewissen Position auf Schweizer Kontostände beschränkt: Viele Alphatiere, erklärt der PR-Experte Jürgen Pitzer in der *Süddeutschen Zeitung*, sind verunsichert, »weil sie selbst so weit weg vom Alltag einer breiten Öffentlichkeit sind, dass sie die Wirkung ihres Tuns nicht mehr selbst abschätzen können«.

Vielleicht ist das bei Ihnen ähnlich – wundern Sie sich daher bitte nicht, wenn Sie, durch wirtschaftliche Verhältnisse, Krankheit oder Ihr Elfenbeinturmleben, eines Tages auf den Boden der Tatsachen zurückgeschubst werden und die Welt sich von Ihnen entfernt hat. Und das gemeinsam mit Ihrem so genannten Lebenspartner, Ihren so genannten Kindern, Ihren so genannten Freunden … Damit das nicht passiert, können Sie sich die Worte des Münchner Physikprofessors und Nobelpreisträgers Theodor W. Hänsch zu Herzen nehmen. Er weist dem kindlichen Große-Augen-Effekt einen Ehrenplatz auf seinem Weg zum Nobelpreis zu: »Wenn man erwachsen wird, vergräbt man die Neugier und kümmert sich weniger um grundsätzliche Dinge. Als Forscher muss man sich diese kindliche Neugier bewahren.« Das sei eine Quelle großer Freude und bewahre Phantasie und Vorstellungskraft. Hänsch weiter: »Wenn man abstumpft und dafür nicht mehr empfänglich ist, hat man viel aufgegeben.« Doch natürlich müssen Sie kein Nobelpreisträger sein, um hier für Ihren ganz persönlichen Lauf der Dinge Gewinnbringendes erkennen zu können.

Was kann uns Erwachsenen die kindliche Neugier wiederbringen? Bestimmt entdecken Sie damit eingefahrene Situationen neu. Wechseln Sie die Perspektive: Hören Sie im Büro den Jüngeren auf den unteren Hierarchiestufen zu. Fragen Sie einmal Ihre Kinder und Enkel, für die Sie sonst immer nur weise Antworten parat haben, nach ihrer Meinung. Drehen Sie einmal all die Strategiepapiere auf Ihrem Schreibtisch um und gehen Sie mit den jungfräulich weißen Blättern und mit schönen Holzmalstiften in vielen Farben neu an Ihre Ideen heran. Mit Neugier bleiben Sie wachsam: Es ist wesentlich zu wissen, dass jeder Tag der letzte sein kann. Das fördert jeden Morgen das Interesse an dem, was es heute zu entdecken gibt. Denken Sie im Verlauf des Tages daran, dass alles, was Sie haben, schon morgen weg sein kann (besonders all das im Herzen und in der Seele, natürlich auch all das im Hirn und in der Brieftasche). Dieser Gedanke sorgt dafür, dass Ihre Augen aufgehen und Ihr Blick ganz klar wird. Außerdem wird Ihnen immer wieder neu bewusst werden, was dafür notwendig ist, das Wahre, Schöne, Gute in Ihrem Leben zu erhalten. Es bewahrt Sie vor Stumpfsinn, Langeweile und Stagnation.

Neugier überwindet Angst vor Neuem: Kinder springen einfach von der ziemlich hohen Gartenmauer, wenn da unten auf dem Tisch Erdbeerkuchen mit Sahne steht. Sie wollen gar nicht wissen, dass man sich dabei ganz schön wehtun kann. Warum auch? Schließlich schmeckt der Kuchen mit einem von Oma eigenhändig frisch gekühlten Knöchel noch mal so gut. Wir Erwachsenen springen erstens nicht von der Mauer, weil »man« das in unserem Alter nicht mehr macht, zweitens weil wir uns mittelschwer verletzen könnten. Und drittens sehen wir den leckeren Erdbeerkuchen vor lauter Mauer und Springen und Angst gar nicht. Sagen Sie ab jetzt zweimal täglich ganz leise, noch besser aber ganz laut zu sich selbst: Hinter all der Alltagsroutine und der eigenen Bequemlichkeit steht der leckerste Erdbeerkuchen mit Sahne neben der höchsten Mauer meines Lebens. Und die springe ich jetzt runter! Und dann schnappe ich mir den Kuchen! Neugier sorgt dafür, dass Sie spielend lernen: Sie ist Liebe zum Wissen. Wenn es Spaß macht, Neues zu erfahren, bildet man sich laufend weiter. Einfach so, es geschieht nebenbei und macht höllisch Spaß. Die heutige, oftmals als Zwang empfundene Verpflichtung, sich permanent in Bewegung zu halten und weiterzuentwickeln, wird von der Freude am Wissen abgelöst. Macht es Spaß und ist es unterhaltend, sich mit neuen Dingen zu beschäftigen, so verlieren selbst ungeliebte Vorhaben (etwa die Zusatzausbildung oder das erste Buchprojekt) einen Teil ihres Schreckens: »Wenn die Neugier sich auf ernsthafte Dinge richtet, dann nennt man sie Wissensdrang«, so die humanistische Schriftstellerin Marie von Ebner-Eschenbach dazu.

Neugier ist kennenlernen, was man noch nicht kennt. Formulieren Sie für sich das Sprichwort neu: Was der Bauer nicht kennt, frisst er ab heute! Ihr »Fressen« sind die Sachen, über die Sie bisher reden wie der Blinde von der Farbe: komische Gerichte auf der Speisekarte, neumodische Social Communities im Web, spirituelle Erfahrungen Ihrer besten Freundin, Minderheitenfilme im Studentenkino … Ab jetzt wird mitgemacht und das, wovon man dauernd nur hört, zumindest ausprobiert. Wenn es dann tatsächlich nicht Ihr Ding ist, dürfen Sie darüber herziehen. Falls doch, dürfen Sie es lieben. Neugier heißt außerdem, den Weg als Ziel zu akzeptieren: Wer sie nicht mehr verspürt, ist geistig tot. Der ist schnell innerlich emigriert, hat sich aufgegeben, verwaltet sein Leben und gestaltet es nicht. Dabei können wir selbst im Seniorenstift noch Tortenschlachten veranstalten wie die jungen Alten in dem hinreißenden Kinofilm *Giulias Verschwinden*. Da ist der Weg das Ziel, und angekommen sind die Oldie-Kratzbürsten noch lange nicht. Also: Bitte nicht bis zur Schnabeltasse warten mit den neuen Erfahrungen. Sie können schon viel eher das Blut in den Adern pulsieren und die Lebensgeister Polka tanzen lassen! Zu guter Letzt (wobei Ihnen sicherlich noch ganz andere Einsatzgebiete einfallen) bedeutet Neugier auch, einmal über die Stränge zu schlagen: Das Kind baut den Lego-Turm so hoch, bis er umfällt; dann hat es wieder etwas gelernt. Es fasst auf die heiße Herdplatte; der Effekt ist landläufig bekannt. Es fährt so lange freihändig Fahrrad, bis die Milchzähne früher raus sind als gedacht. Alles nicht wirklich schlimm, Episoden des Lebens, und mit einem x-fachen Erfahrungsfaktor versehen. Schauen Sie sich um: Wo könnte Ihr riesiger Lego-Turm stehen, wo glüht Ihre Herdplatte, wo steht Ihr cooles Bonanzarad mit dem Bananensattel und dem Wimpel? Dann ran an den Speck – bauen, hinlangen, losradeln!

Besonders kreative Menschen haben sich, sagt einhellig die Hirnwissenschaft, ein gutes Stück ihrer kindlichen Neugier bewahrt. Für wie unkreativ auch immer Sie sich halten mögen: Das können Sie auch! Allgemein reicht es, wenn Sie sich ganz bewusst jeden Tag mit etwas Neuem, Unvorhergesehenem konfrontieren (siehe Kapitel »Neues wagen«, Seite 156 und »Den Tag bewusst beginnen«, Seite 42). Dabei ist es nebensächlich, womit Sie Ihr Hirn anstrengen. Hauptsache, Sie überraschen es – und Sie werden überrascht sein!

4 *Lachen*

Es ist der schönste Körperausdruck – das Lachen. Aus Freude, Liebe, Humor oder Spaß entsteht es und kann – je nach Situation und Seelengestimmtheit – ganz fein sein: Ein zartes oder scheues Lächeln, aber auch freudig strahlend bis hin zum Losprusten. Manche Menschen stecken mit ihrem Wiehern oder Krähen oft Anwesende an, so dass auch deren Bauchmuskeln sich anspannen, Oberkörper und Schultern leicht hin und her wippen, die Lippen einen Halbmond formen und Zähne und Rachen ein kehliges Glucksen ausspucken. Lachen lässt den Blutdruck steigen und setzt vor allem Endorphine, so genannte Glückshormone, frei. Diese chemischen Botenstoffe geben dem

Körper einen wahren Energieschub, der Stress abbaut und das Immunsystem stärkt. Daneben wirkt er sich positiv auf die Leistung aus und kickt das Selbstbewusstsein.

Ein Mensch, der lächelt, wird als sympathisch empfunden. Denken Sie nur an einen Dauerlächler in Ihrem Freundes- und Bekanntenkreis oder den Dalai Lama. Denn Lächeln signalisiert: »Ich will dir nichts Böses. Ich bin dir wohlgesinnt.« Außerdem erleichtern Menschen, die Späße zulassen und ihre Mitarbeiter mit Humor führen, die Kommunikation. Sie fördern Offenheit und schaffen eine gute Voraussetzung für Problemlösungen: Zehnmal mehr Ideen entstehen in einer humorvollen Atmosphäre im Vergleich zu einer unpersönlichen Atmosphäre, ergab eine Studie an der University of Oklahoma.

Um zu lachen, muss man jedoch nicht erst auf eine humorige Person warten oder es dem Zufall überlassen, damit sich ein Grund dafür einstellt. Jeder Einzelne hat es in der Hand, Lachen und Lächeln in seinen Alltag einzubauen und von diesem Glücksturbo zu profitieren. Es reicht, ohne Witz und Vorlage aus dem Stegreif loszulachen. Dabei genügt es allerdings nicht, nur den Mund zu verziehen und Zähne zu zeigen: Glückshormone werden erst in dem Moment ausgeschüttet, wenn die Ringmuskulatur um die Augen zum Einsatz kommt. Das ist immer dann der Fall, wenn sich beim Lächeln Fältchen um die Augenwinkel kräuseln. Probieren Sie es gleich einmal selbst aus. Merken Sie, wie Sie in dem Moment, in dem Ihr Lächeln bis zu den Augen geht, ein warmes Gefühl in der Bauchgegend verspüren? Das sind die Glückshormone, die Ihre Stimmung heben.

Diese soll auch das Lach-Yoga freisetzen. Der indische Arzt Madan Kataria hat diese Form des Yogas 1995 erfunden, bei der man in die Hände klatscht und »hohohahaha« ruft. Man kann aber auch die Hand eines anderen schütteln, ihm in die Augen sehen und wie ein Schauspieler loslachen. Was in Deutschland bislang nur in halbstündigen Vorträgen in Unternehmen wie Tchibo, Commerzbank oder Greenpeace zum Besten gegeben wird, steht in manchen Betrieben in den USA und Dänemark bereits auf der Tagesordnung. Die dänische Computerfirma Four Systems etwa hält regelmäßig 15-minütige Lach-Yoga-Übungen ab, mit dem Ergebnis: 70 Prozent weniger Stress und 40 Prozent mehr Umsatz. Lachen schafft Distanz zu Problemen. Wer über etwas lachen kann, ist entspannter und kann die Sache hinterher lockerer angehen. Humor setzt Kräfte frei, die uns sonst nicht zur Verfügung stünden.

Wer es schafft, trotz schlechter Nachrichten, Fallstricke oder Probleme dennoch zu lachen, besitzt Humor, so die landläufige Definition des Begriffs, der sich klar von abwertenden Spielarten wie Ironie, Spott, Zynismus oder Sarkasmus absetzt. Mit Hilfe von Humor – der künstlichen Überhöhung eines Missgeschicks oder der vermaledeiten augenblicklichen Situation – nimmt man dem Ganzen das Bedrohliche. Optimistisch wie kämpferisch zeigt man, dass man nicht ohne Gegenwehr klein beigeben wird. Das schenkt Hoffnung, dennoch eine Lösung für das Problem zu finden, und so wird man, indem man sich dümmer macht, als man ist, stärker, als man scheint. Diese Selbsttröstung bezeichnete der Psychoanalytiker Sigmund Freud als etwas ganz Großartiges und Erhebendes. In seinen Augen besitzt Humor nicht nur etwas Befreiendes wie der Witz und die Komik, sondern er bringt gar einen Lustgewinn.

Leben Sie diesen Lustgewinn als Geisteshaltung. Nämlich immer dann, wenn Sie am liebsten laut »Mist!« brüllen würden, machen Sie es sich zur Aufgabe zu fragen: Welchen positiven Dreh könnte ich dieser Situation abgewinnen? Ist sie eine

Herausforderung? Der amerikanische Wissenschaftler Rollin McCraty hat auf dieser Grundlage gar eine fünf-Schritte-Methode entwickelt, mit der sich Ärger in positive Energie umwandeln lässt. Er nennt sie »Freeze-Frame«-Technik und rät immer dann, wenn Sie sich ärgern, zu folgender Vorgehensweise:

1. Halten Sie kurz inne und drücken Sie sozusagen mental auf eine Stopptaste.
2. Konzentrieren Sie sich auf Ihr Herz. Atmen Sie in Ihr Herz und lassen Sie Energie hineinfließen.
3. Erinnern Sie sich an etwas Positives, ein fröhliches Gefühl.
4. Richten Sie Ihre Aufmerksamkeit auf die Herzgegend und fragen Sie sich, welche Reaktion bei gesundem Menschenverstand jetzt angebracht wäre.
5. Hören Sie auf die Antwort Ihres Herzens. Die ist meist sehr beruhigend, weich und positiv.

Rollin McCratys Methode wandten die Mitarbeiter der Firma Motorola sechs Monate lang an mit dem Ergebnis: Die Beschäftigten waren zufriedener, sie hatten mehr Spaß an der Arbeit, und die Kommunikation im Unternehmen funktionierte reibungsloser. Zwanzig Prozent der Manager und zehn Prozent der Fabrikarbeiter sagten, sie litten seltener unter Nervosität, Spannungen, Wut und Angst.

Ein Tipp zum Schluss: Nutzen Sie Ihr Telefon als Lächel-Animator: Jedes Mal, wenn es klingelt, halten Sie kurz inne. Atmen Sie einmal aus und ein und denken Sie beim Abnehmen des Hörers »lächeln«. Vermutlich beginnen Sie – mitunter wegen des ungewöhnlichen Workouts – selbst zu lächeln. Na bitte!

»Glück ist für mich das herzhafte Lachen meines Sohnes im Kreis der Familie.«

Mario Grobholz, 38, Unternehmer, München

5 Meditieren

Seit Jahrhunderten ist Meditieren in östlichen Kulturen eine zentrale, grundlegend bewusstseinserweiternde Übung, die dem christlichen Gebet gleichkommt. Anders als das Gebet, findet das Nachsinnen – die deutsche Übersetzung für das Lateinische »meditari« – ohne Zwiegespräch statt. Das im Stillen Sitzen versucht, frei von Gedanken im Hier und Jetzt zu sein, wodurch sich Glücksgefühle und Visionen einstellen.

Der Psychotherapeut Karlfried Graf Dürkheim und der Jesuitenpater Hugo Enomiya-Lassalle gelten als Wegbereiter der fernöstlich geprägten Meditationsbewegung in Deutschland. Beide waren von der japanischen »Kultur der Stille« tief beeindruckt. Sie verbreiteten die Methode der Zen-Meditation, in der sie sich im Reich der aufgehenden Sonne ausbilden ließen, in den sechziger Jahren in Europa. Ihre Ansätze wurden vielfach weiterentwickelt, neue Formen aus dem asiatischen Kulturkreis kamen hinzu. Doch ihnen gemeinsam ist, dass jede Art der Meditation und jeder Meditierende versucht, das Gleiche zu erlangen: durch Stille und Entspannung Erkenntnis zu gewinnen, in einen Raum vorzudringen, in dem der Geist nicht mehr bewertet und Weisheit und Liebe vorherrschen. Einziger Unterschied ist das Wie: Auf welchen Gegenstand sich der Meditierende konzentriert, um das ständige Denken anzuhalten. Das kann wie in der Zen-Meditation eine weiße Wand sein, auf die man mit offenen Augen schaut; auch ein Mantra, der eigene Atem oder ein Körpergefühl.

Die Neurologen Robert Benson und Herbert Wallace von der Harvard University erbrachten erstmals in den späten Siebzigern den Nachweis, dass die geistige Versenkung messbare Wirkungen hat, was seither viele weitere Untersuchungen bestätigten. Sie fanden heraus, dass sich die elektrische Hirntätigkeit in eine Art Ruhezustand verlagert und Pulsfrequenz sowie Sauerstoffverbrauch und Blutdruck sinken. »Die Rezeptoren werden unempfindlicher für Stresshormone, was dazu führt, dass der Mensch gelassener wird. Zusätzlich setzt der Körper Endorphine frei, die das Schmerzempfinden herabsetzen«, erklärt der Essener Arzt für Naturheilkunde und integrative Medizin Gustav Dobos. Er vergleicht die Wirkung mit einer »Beruhigungstablette ohne Nebenwirkungen«. Dobos ist ein deutscher Vertreter der in den USA bereits wesentlich stärker verbreiteten Ordnungstherapie oder »Mind-Body-Medizin«. Im Vergleich zur Schulmedizin berücksichtigt sie Entspannungstechniken wie Meditation neben Sport und gesunder Ernährung, um die Selbstheilungskräfte des Menschen zu aktivieren.

Dass Meditation Funktionen in bestimmten Hirnarealen anregt und gleichzeitig das Immunsystem zu höherer Leistung anspornt, konnte der US-amerikanische Psychologieprofessor Richard Davidson von der Universität von Wisconsin vor ein paar Jahren nachweisen: Von 41 Studienteilnehmern meditierten 25 Probanden unter Anleitung des Meditationsexperten Jon Kabat-Zinn über acht Wochen einmal wöchentlich in der Gruppe und versenkten sich zu Hause täglich eine Stunde im Lotossitz. Nach Ablauf dieser Zeit erhielten sie ebenso wie eine Kontrollgruppe eine Grippeimpfung. Die Ergebnisse: Zum einen wiesen die Meditierenden eine um 50 Prozent erhöhte elektrische Aktivität im linken präfrontalen Cortex auf, einem kleinen Teil der Hirnrinde direkt hinter der Stirn, der im Zusammenhang mit positiven Gefühlen steht. Zum anderen konnte Davidson bei Kontrollmessungen vier und acht Wochen später eine höhere Zahl an Grippeantikörpern im Blut feststellen; das heißt, die Impfung schlug bei ihnen besser an und stärkte ihr Immunsystem nachhaltiger. Zu einem ähnlichen Ergebnis kam eine vergleichende US-Studie, die fünf Jahre lang die Kassenleistungen von 2000 Meditierenden mit dem Durchschnitt aller 600 000 Versicherten verglich. In der Gruppe der Meditierenden kam es zu 56 Prozent weniger Einlieferungen ins Krankenhaus; außerdem waren bei den häufigsten 20 Krankheitsarten deutlich weniger Einweisungen zu verzeichnen – 55 Prozent weniger bei Krebs, 87 Prozent bei Nervenerkrankungen und 73 Prozent bei Hals-, Nasen- und Lungenerkrankungen.

Kleine Anleitung fürs Meditieren:

1. Suchen Sie sich einen Platz, an dem Sie 15 bis 30 Minuten ungestört sind. Ziehen Sie die Schuhe aus, und setzen Sie sich auf einen Teppich oder eine Decke. Der klassische Sitz ist der Lotossitz mit gekreuzten Beinen. Sie können auch auf einem Meditationskissen, Zafu genannt, oder einem Stuhl sitzen. Bei allen Varianten soll der Rücken gerade und nicht überdehnt sein. Die Hände falten Sie lose vor Brust und Bauch.
2. Schließen Sie die Augen, bis Sie durch die Wimpern blinzeln. Atmen Sie langsam und regelmäßig durch die Nase. Achten Sie darauf, dass das Einatmen immer ein bisschen kürzer dauert als das Ausatmen. Um schneller abschalten zu können, konzentrieren Sie sich auf Ihre Atmung und sagen sich

bei jedem Ein- beziehungsweise Ausatmen »Ein« und »Aus«, wahlweise auch »Stille«. Das ist Ihr Mantra.

3. Lassen Sie es geschehen, dass Sie Spannungen in Ihrem Körper spüren oder Ihnen andere Gedanken durch den Kopf gehen. Das ist normal, und das Mantra ist die Stütze, mit der Sie zur Konzentration zurückkehren.
4. Bedanken Sie sich nach jeder Meditation, indem Sie sich verneigen. Beenden Sie die meditative Übung nicht abrupt, auch wenn Sie gestört werden. Lassen Sie sich ein, zwei Minuten Zeit, bis die Alltagsgedanken langsam in Ihr Gehirn zurückströmen.
5. Erwarten Sie beim ersten Mal nicht zu viel. Eine Wirkung, die über angenehme Gefühle hinausgeht, stellt sich erst nach regelmäßigem Üben ein.

6 *Den Tag bewusst beginnen*

Jeden Tag stehen wir morgens auf, duschen uns, ziehen uns an, frühstücken und starten in den Tag: Same procedure as every day – der gleiche Ablauf, die gleichen Handgriffe, fast schlafwandlerisch im Autopilot-Modus. Was, wenn Sie das ändern und den Tag bewusst anders beginnen? Indem Sie zunächst die Augen öffnen und sich freuen, dass es Tag ist. Atmen Sie tief ein und wieder aus, blicken Sie hinaus aus dem Fenster, schauen Sie, ob die Sonne scheint, ob es windig ist oder geschneit hat, und begrüßen Sie den Tag. Sie können vorher ein ayurvedisches Morgenritual einbauen: Trinken Sie auf nüchternen Magen ein Glas lauwarmes Wasser mit Honig und Ingwer, und meditieren

Sie zwanzig Minuten (eine Anleitung finden Sie im Kapitel »Meditieren«, Seite 39). Das gibt Ihnen ganz besondere Ausgeglichenheit und Muße für den Tag. Damit Sie das in Ruhe machen können, stehen Sie eine halbe Stunde früher auf als gewohnt. Was Sie sonst noch durch frühes Aufstehen erreichen und wie Sie die ewiggleiche Morgenprozedur verbessern, sagen Ihnen folgende Anregungen, die nicht nur Anleihen bei anderen Kulturkreisen nehmen, sondern auch aus der Literatur, der Neurologie und der Sportmedizin.

Erleben Sie den ideellen Reichtum frühen Aufstehens als Urlaub, als Ihren ganz eigenen kleinen Luxus. Legen Sie wie sonst nur sonntags Ihre Lieblingsmusik auf, pressen Sie frischen Saft, braten Sie ein Ei, lesen Sie ausgiebig Zeitung und frühstücken Sie genüsslich im Morgenmantel. So pflegte auch Oscar Wildes literarische Gestalt Dorian Gray zu frühstücken: »Er zog einen raffinierten Morgenmantel aus seidenbestickter Kaschmirwolle an und ging in das onyxgekachelte Badezimmer. Das kühle Wasser erfrischte ihn … Sobald er angezogen war, ging er in die Bibliothek und setzte sich zu einem leichten französischen Frühstück nieder, das auf einem kleinen, runden Tisch nahe beim offenen Fenster gedeckt war. Es war ein wunderschöner Tag. Die warme Luft schien mit Wohlgerüchen gewürzt. Eine Biene flog herein und summte um die Schale mit Drachenmuster, die, mit schwefelgelben Rosen gefüllt, vor ihm stand.« Weniger bohemienhaft und dafür sportlich beginnt ein Freund aus Australien den Tag in Sydney mit einer »täglichen Stunde Urlaub«, wie er seinen Frühsport bezeichnet. Dazu geht er vor der Arbeit im Meer schwimmen und isst danach in einem kleinen Strandbistro sein Birchermüsli. Hierzulande sind Strände rar und auch die Temperaturen die meiste Zeit des Jahres eher rau, aber es gibt viele gut beheizte städtische Bäder, alternativ prima Joggingstrecken und ordentliche Fitnessstudios. Wer Probleme mit dem inneren Schweinehund hat, verabredet sich mit dem Arbeitskollegen oder mit einem Freund zum Workout: In Shanghai treffen sich Pensionäre bei Sonnenaufgang zum Schattenboxen oder zu einem Tänzchen auf der Prachtstraße Bund, wo sie einen faszinierenden Blick auf den Fluss und die neue Hochhausstadt Pudong haben.

Wen diese Beispiele dennoch kaltlassen, der kneippt nach dem Duschen. Das klingt schlimmer, als es ist: »Es reicht häufig schon, wenn die Wassertemperatur ein bis zwei Grad kühler ist«, beruhigt der Balneologe und Präsident des Kneippärztebundes Dr. Heinz Leuchtgens. Wer sich zu diesem kühlen Guss überwindet, beugt Erkältungserkrankungen vor und verbessert Stoffwechsel und Wohlbefinden. Bei einem Armguss lassen Sie einen weichen, dicken Wasserstrahl von etwa 38°C entlang Ihres Arms von oben nach unten, zur Hand hin gleiten; die Innenflächen kommen jeweils zuerst, dann die Außenflächen. Anschließend machen Sie das gleiche mit kaltem Wasser. Wiederholen Sie den Warm-kalt-Reiz zwei-, dreimal.

Wechseln Sie zum Frühstück die Musik: Was für die Ohren gibt es beschwingt auf www.club977.com oder www.surfmusik.de, hawaiianisch-verschmust bei www.live365.com/stations/hawaiianhits. Sehr schön sind Rilke, mit Prominenten neu vertont (»Rilke-Projekt – Bis an alle Sterne«), und der bedeutendste persische Dichter des Mittelalters, Rumi, gesprochen von Deepak & Friends (»A Gift of Love«).

Greifen Sie außerdem zu Tee statt Kaffee, das ist viel aktiver und gesünder. Ihnen steht ein äußerst abwechslungsreiches Spektrum zur Verfügung, das vom anregenden Kräutertee über Rotbusch, geröstetem japanischen Grüntee bis hin zum edlen Schwarztee reicht. Wer doch nicht vom Kaffee lassen kann, zerstößt eine frische Kardamomnuss im Mörser und gibt das Pulver vor dem Brühen in den Kaffee. Schmeckt nicht nur verblüffend aromatisch, sondern schont auch den Magen.

Brötchen schmecken auch unter der Woche. Besorgen Sie aber nicht die immergleichen, variieren Sie mit Laugencroissant, Kornspitz, Mohnbrötchen etc., um nicht, wie der einflussreiche Gastrokritiker Jürgen Dollase lästert, zum »Redundanzesser« zu werden, der immer das Gleiche isst: »Den 9000 Geschmacksknospen der menschlichen Zunge darf das Gespür für das große Mit- und Gegeneinander der Aromen nicht verloren gehen.« Im Gegenteil, es muss ein Spiel aus Weichem und Krossem sein.

Vergessen Sie bei allem, was Sie morgens anders machen, nicht das Allerwichtigste: Beginnen Sie den Tag mit Muße. Machen Sie sich jeden Handgriff bewusst. So, wie Sie den Tag beginnen, setzt er sich fort bis zum Abend. Er ist das Vorzeichen, unter dem Sie den Tag und damit Ihr Leben angehen.

7 *Gute-Laune-Düfte*

Genau so wie es wahre Wohlgerüche gibt, so gibt es auch Ekeldüfte wie der Geruch nach Putzmittel, nach Benzin, nach Abwasser oder Moder. So riecht die Zivilisation – was uns die Nase rümpfen lässt. Ganz anders die Werke der Natur: Denken Sie nur an den süßen Duft von Orangen- oder Jasminblüten, den würzigen Geruch von frisch geschnittenem Gras, von Kardamom oder Zimt. Wie erfreut dieser die Sinne, ebenso wie der Geruch von angedünsteten Zwiebeln, von Brot, warmem Kuchen oder von frisch gebrühtem Kaffee, der nicht nur ein »Hmm!«

auslöst, sondern vor allem dieses heimelige Die-Welt-ist-in-Ordnung-Gefühl. Denn: Unser Gehirn speichert nicht nur Erfahrungen, Worte, Namen oder Gesichter, sondern auch Gerüche.

An die 7500 unterschiedliche Gerüche kann unsere Nase erkennen. Bestimmte Düfte wirken abschreckend, andere beruhigend, kräftigend oder belebend. Über die Nase aufgenommen, werden Düfte ans Riechhirn weitergeleitet, das einen direkten Zugang zum Hypothalamus und zum limbischen System hat – wichtige Zentren für Gefühle und Emotionen. Das ist der Grund, warum mit Duftreizen Stimmungen und Befindlichkeiten beeinflusst, Hormone verändert oder Gefühle wie Zu- und Abneigung erzeugt werden können. So wirkt etwa Orange anregend und seelisch aufbauend, Rosmarin konzentrationsfördernd, Lavendel harmonisierend und beruhigend.

Als das Computerunternehmen Hewlett-Packard damit begann, seine Messestände zu beduften, hielten sich die Besucher im Durchschnitt deutlich länger am Stand auf und beim Personal gab es weniger Krankheitsfälle. Doch nicht nur auf Messen setzen Unternehmen Düfte ein. Viele wollen neben ihrem Logo und den Firmenfarben auch über ihren eigenen Duft vom Kunden wiedererkannt werden. Singapore Airlines wählte aus diesem Grund »Stefan Floridian Waters« für ihre Kabinen und die feucht-warmen Erfrischungstücher. BMW ließ für den Mini einen eigenen Duft kreieren, ebenso wie Swarovski für seine Geschäfte. Der Hauch von exotischen Gerüchen dient in den Kristallwelten von Swarovski im österreichischen Wattens zur Abrundung des Sinnenerlebnisses aus Licht, Klang und Farbe. Auch der Flughafen Frankfurt nutzt den Stimmungsmacher Duft. Er soll verhindern, dass Fluggäste im extrem niedrigen Verbindungstunnel zwischen zwei Segmenten des Terminals 1 Platzangst bekommen. Um ihren Patienten die Angst zu nehmen, betreibt die Bochumer Zahnärztin Gabriele Marwinski nicht nur die Website www.angstfrei-zum-zahnarzt.de, sondern setzt auch spezielle Düfte ein; vor allem Orange und Lavendel, da diese beiden Essenzen laut einer Studie der Universität Wien Zustandsängste reduzieren.

Wer keine Angst hat, sondern einfach seine Stimmung im Alltag aufhellen möchte, für den gibt es viele Gerüche für gute Laune. Glückskicks versprechen nach Ansicht von Sensorikexperten die Duftnoten Jasmin, Limette, Pomeranzenblüte und Lemongras. Diese bekommen Sie in ganz unterschiedlicher Form, als Räucherstäbchen, als Raumspray oder als Aromaöl in der Duftlampe. Allerdings sollten Sie bei der Auswahl auf Qualität achten: Essenzen, die nicht aus 100 Prozent naturreinen ätherischen Ölen bestehen, oder synthetisch hergestellte Düfte wie Brotduft, Erdbeere, Pfirsich, Cola oder grüner Apfel können auf Dauer gesundheitsschädlich sein.

Eine kleine Freude bereiten Sie sich auch, wenn Sie eine edle Seife oder ein Kosmetiktüchlein, das Sie vorher mit Ihrem persönlichen Lieblingsduft oder Ihrem Parfüm besprüht haben, in Ihre Wäsche- oder Halstuchschublade legen. Jedes Mal, wenn Sie die Schublade öffnen, wird dann die Seele fein geschmei-

*»Mit einer Tasse Mokka in der Sonne zu sitzen
und den Duft von Jasmin einzuatmen,
das macht mich glücklich.
Denn es ist ein Stück Heimat, ein Stück Urlaub.
Und: Ich lebe in Freiheit, mit meinem Traummann,
habe einen Traumjob, eine tolle Wohnung,
bin gesund und kann wahnsinnig viel
unternehmen – auch das macht mich glücklich.«*

Nadja Malak, 42, Fundraiserin, München

chelt. Und beim Putzen geben Sie ein paar Tropfen Lavendelöl ins Wischwasser, das beduftet die ganze Wohnung. Der Geruch entführt Sie in die Provence mit ihren üppig wuchernden, lila blühenden Kräuterbüschen, das wirkt reinigend und harmonisierend – von wegen blöder Putztag!

8 *Ein Schluck eiskaltes Wasser*

Eigentlich ist er ein Nichts, dieser Schluck. Das Glas um ihn herum ist ebenfalls »nichts« – transparent, lässt die Lichter durch und die Schatten, bricht sie und fügt sie anders wieder zusammen. Es gibt hierin keinen Zucker, keine Fermente, keine vergorenen Früchte und keine Gerste im Wasser, kein Koffein und kein Teein. Was soll daran besonders sein, denken wir, und stürzen ihn hinunter, diesen Schluck. Einfach, weil wir durstig sind. Wasser ist eben belanglos, bietet vielleicht »einen großartigen Aufenthaltsort für unsere armen Fische, und wir können in ihm baden«; ein typisches und schönes Bonmot von Karl Valentin. Das war's dann aber auch. Abgesehen davon, dass man es in Deutschland fertigbringt, durchschnittlich 126 Liter Trinkwasser täglich zu verbrauchen, aber nur einen davon zu trinken.

Dabei ist die so belanglose Tätigkeit des Wassertrinkens eine der archaischsten überhaupt: sich in der Nachmittagssommerhitze, die Hände weit vor dem Bauch zu einer Schale geformt, hinunterbeugen zur Quelle, das Wasser sammelt sich im grob behauenen Becken. Es gurgelt und sprudelt, winzige Blätter tanzen auf winzigen Wellen. Die Augen und die Ohren trinken lange vor dem Mund. Die Nase riecht nichts und doch irgendwie alles, und feine Kälte zieht in die Nasenflügel. Auch die Finger spüren diese Kälte, gar nicht unangenehm und umso besser auszuhalten, je durstiger wir sind. Ihre Muskeln ziehen sich zusammen, während andere Muskeln die Händeschale zum Mund führen. Die klebrige Zunge löst sich vom Gaumen, und das Nebennierenmark schüttet bereits die Hormone Adrenalin und Noradrenalin aus. Bald kommt Cortisol dazu. Die Botschaft an Hände, Mund und Gurgel: Auf geht's, ich will dieses Wasser trinken. Kein frisch gezapftes Pils, keinen Jasmintee, keinen Lagen-Sekt. Gebt mir diesen Schluck Wasser. Jetzt!

Das passiert in der Regel erst, wenn wir durstig sind. Zuvor denken wir nicht daran. Deshalb trinkt der Mensch meist viel zu wenig. Er weiß darum und bedauert es, und morgen trinkt er wieder zu wenig. Und das aus einem ganz anderen Grund als überall dort auf der Welt, wo es schlicht kein Wasser gibt. Oder wo dieser Schluck so brackig ist, dass sich kein Licht und schon gar kein Schatten darin bricht. Wie erlebnisreich es ist, einen Schluck Wasser zu trinken, wissen wir erst, wenn wir das Erlebnis entbehren müssen. Wegen grässlicher Halsschmerzen. Weil die Hände nicht so wollen wie wir. Weil der Hauswart wegen Reparaturarbeiten das Wasser abgestellt hat. Dann wird es ganz schnell ganz dringend, und Sehnsucht stellt sich ein nach so etwas Profanem. In dem Bewusstsein, dass Wassertrinken alles andere als selbstverständlich ist, macht der Wassertrinker plötzlich diese einzigartige Erfahrung: Ich kriege es! Und ich darf es trinken! Sogar ganz ohne Durst!

Auf einmal ist klar, was Wasser bedeutet. Alles ist aus Wasser entstanden, es ist der Urstoff im Kreislauf des Werdens, Seins und Vergehens. Es ist auf der ganzen Welt verbreitet und überaus wandlungsfähig zugleich. Wir kommen aus dem Wasser, und wir werden zu Wasser: Was der griechische Naturphilosoph Thales von Milet bereits im sechsten vorchristlichen Jahrhundert erkannte, ist heute so wenig abwegig und so nachvollziehbar wie damals. Nur: Was machen wir daraus?

Wasser bringt Leid: Wir provozieren Sturzflutkatastrophen und in der Folge entvölkerte Täler, wenn wir Bergbäche für Elektrizität anstauen. Wir machen Wüsten zu Spielerparadiesen, rufen riesige Dürren durch umgeleitete Ströme hervor. Wasser tötet, wenn es schmutzig ist oder nicht wohldosiert. Beim »Waterboarding«, das unter anderem von der CIA als Verhörmethode eingesetzt wurde, glaubt der Häftling zu ertrinken. Und die Nationalsozialisten haben dem Vater des Filmschauspielers Michael Degen im KZ den Brustkorb und den Unterleib eingetreten, so beschreibt es der Sohn in seiner Autobiografie *Nicht alle waren Mörder*, weil der Vater, völlig ausgetrocknet, es nicht geschafft hat, einen ganzen Eimer Wasser auszutrinken.

Wasser bringt Leben: Einen Schluck trinken, einfach so. Einen einzigen von 48 Millionen Kubikkilometern Süßwasser auf der Welt. Das Magma im Inneren der Erde hat vor Urzeiten in die Atmosphäre ausgegast, und dieser Prozess sonderte Wasser ab und begründete damit den von Thales so trefflich beschriebenen ewigen Kreislauf. Der Fitnesstrainer rät zum Schluck Wasser am frühen Morgen, gleich nach dem Aufstehen und vor dem ersten Tagwerk. Ernährungswissenschaftler raten sowieso zu vielen kleinen Ein-Schluck-Gläsern, x-fach über den langen Tag verteilt. Anlass dazu ist auf einmal nicht mehr Durst allein. Vielmehr tritt etwas anderes in den Vordergrund, wenn man bewusst trinkt und dabei mit dem Körper spricht: Demut vor dem Ursprung allen Lebens und vor der Kraft, die der Schluck dem Körper gibt.

Die Hände kommen dem Mund immer näher, schon berühren die Handballen das Kinn. Die Fingerglieder und die Lebenslinien sehen durch das Wasser auf einmal viel größer aus, während die Hände sich schon neigen und das Wasser bald die Unterlippe benetzt. Die Augen schließen sich, die Lippen öffnen sich. Das Wasser umspült den Gaumen, spielt auf der Zunge mit den Kapillaren. Die Rezeptoren melden das außerordentliche gustatorische Feuerwerk ans Gehirn: Etwas Frisches, etwas Kräftigendes wird hier dem Körper zugeführt. Das muss ein veritabler Energiespender sein! Während das Nebennierenmark und all die Helfer im Kopf mit der Verarbeitung dieser Information noch alle Hände voll zu tun haben, rinnt das quellfrische Wasser bereits hinab in die Speiseröhre. Beteiligt am Schluckprozess sind 26 Muskelpaare. Man kann spüren, wie der Schluck seinen kühlen Weg nach unten nimmt, und im Bauch verbreitet sich die Botschaft, dass da etwas Wohltuendes ankommt. Die Kraft von Frische wird ans Gehirn gemeldet, die Ankunft von Calcium-, Magnesium-, Carbonat-, Hydrogencarbonat- und Sulfat-Ionen. Dieses viele Gute ist ein Gewinn für Körper und Geist. Hierzulande kommt er schlicht und einfach von den Stadtwerken; in München und Kaiserslautern schmeckt er etwas besser, in Frankfurt und Hamburg immer noch gut genug.

Wer bewusst Wasser trinkt, will nichts anderes mehr. Dankbarkeit und Demut gegenüber diesem natürlichen Doping führen dazu, dass alles andere Flüssige bloß schöne Nebensache ist: Keine Limo ist so lecker, keine alkoholische Erfrischung berauscht derart die Sinne, ohne sie gleichzeitig zu benebeln. Wer Wasser trinken kann, ist nicht tot. Wer nicht tot ist, lebt – und das vor allem, weil er Wasser trinkt. Allein aus dieser Überlegung heraus ist es etwas ganz Besonderes, in den kleinen Kraftschöpfpausen des Alltags ganz bewusst innezuhalten, das Glas zu füllen, die Augen zu schließen, die Vorfreude auf den kommenden kleinen Genuss mit diesem einen Schluck Wasser zu stillen und immer wieder neu zu erfahren, was er in uns und mit uns Großartiges macht.

9 *Gutes Brot essen*

Was gibt es Schöneres, als sich von einem frischen Brot eine dicke Scheibe abzuschneiden, Butter darauf zu streichen und dann hmm!? Manch' Feinschmecker nimmt Olivenöl oder Frischkäse statt Butter und verfeinert mit einer Prise Salz oder etwas Honig. Ein sehr archaischer Hochgenuss, der wahrlich keinen Luxus darstellt, schließlich ist Brot das Grundnahrungsmittel Nummer eins in Deutschland. Knapp 87 Kilo Brot verzehren die Deutschen im Jahr und weisen mit über 300 Brotsorten die größte nationale Vielfalt auf: Die Phantasie der Bäckermeister kennt keine Grenzen, sie experimentieren mit Soja, Karotten, Zwiebeln, Kürbiskernen, Kartoffelmehl ... Doch nicht etwa in Europa begann die Geschichte des Brots, sondern im Nildelta. Die Ägypter waren die Ersten, die das Geheimnis des Natursauerteigs entdeckten, und über Griechenland und weiter über die Römer fand die Kunst des Brotbackens in unsere Breiten. Heute, in Zeiten der Rückbesinnung auf das Wesentliche, erlebt es ein ungeahntes Revival, daher die Frage: Was ist so einzigartig an gutem Brot?

Liegt es an der Kruste, die viele besonders am Scherzl schätzen, am Knecks, am Knäuschen, am Ränftl oder wie auch immer dieses Randstück in den unterschiedlichsten Regionen Deutschlands heißt? Oder an den Kohlehydraten, die so süß und weich im Mund schmecken und so wohlig und glücklich machen, dass die Speise schon in der Bibel als »himmlisches Manna«, als Gottesgeschenk gepriesen wurde? Oder macht es einfach die Summe all dessen aus, gepaart mit der Tatsache, dass wir Brot von Kindesbeinen an gewohnt sind und mindestens einmal am Tag genießen – mit Marmelade zum Frühstück, mit Wurst als Pausensnack, als Beilage zum Salat oder zum Soßentunken? Und genau weil es so universal, so gewohnt und so gut ist, fehlt es deutschen Expats und Geschäftsleuten in der Ferne häufig sehr. »Den Geschmack und dieses Gefühl von zu Hause« vermisste der vielreisende Manager Jürgen Baur so sehr, dass er daraus eine Geschäftsidee entwickelt hat: 1999 startete er seine Aran-Läden.

Aran ist das gälische Wort für Brot und genau das gibt es in Baurs Läden zu kaufen – Holzofenbrot aus Natursauerteig mit verschiedenen Aufstrichen und Belagen, etwa Butter, Tomate-Zwiebel oder Artischocke-Thunfisch. Neben drei eigenen Läden in Rosenheim und Kolbermoor konnte Baur 20 Franchisepartner für sein Konzept gewinnen. Drei davon in Dubai und Kuwait. Denn dort gibt es mittlerweile viele Expats sowie eine neue arabische Fangemeinde, die dunkles Brot während ihrer Sommeraufenthalte in Deutschland kennen und schätzen lernte.

Doch nicht nur fern der Heimat weiß man gutes deutsches Brot zu schätzen, auch hierzulande verhilft eine Sehnsucht nach Tradition und Landlust Brot zu ganz neuem Ansehen: Die Speisekarten bayerischer Szenelokale feiern ihr Krustenbrot als Delikatesse und bieten es, wie der Münchner »Georgenhof«, als eigenen Menüpunkt mit Butter oder Griebenschmalz bestrichen an, und in der »Münchner Suppenküche« gibt es keine andere Beilage zur Suppe. Der Nostalgie-Shop »Manufactum« hat wegen der großen Nachfrage nahezu alle seine Läden in Berlin, Düsseldorf, Köln, Frankfurt und München mit »brot&butter«-Ecken ausgestattet. In diesen sichtbar produzierenden, handwerklich arbeitenden Steinofenbäckereien können Kunden eine kleine Versperpause einlegen und Brot und Brotsnacks kaufen.

Wie mannigfaltig das Thema Butterbrot ist, zeigt auch die sehr liebevoll gestaltete Internetseite www.butterbrot.de. Hier finden sich neben einer Schlemmerecke und Rezepten für Lieblingsbrote, auch Cartoons, eine Galerie sowie ein Buttertest und ein Brettchen-Museum. Und trotz der deutschen Vielfalt an Brotsorten und dem gelegentlichen Fremdgehen zum Franzosen oder zum Engländer, wenn man am Sonntag Baguette auftischt oder zum Toast greift: Das gute alte Schwarzbrot, dessen Geschmack man schon aus der Kindheit kennt und der einen prägt, das ist und bleibt unsere Seelennahrung. Einige von Ihnen kennen vielleicht auch noch den Brauch, dass der Großvater die Brotunterseite vor dem Anschneiden dreifach bekreuzigte, als Dank der christlichen Dreifaltigkeit gegenüber und zur Segnung des Brots. Schließlich ist Brot das Synonym für Essen und Leben, das wir auch in vielen Redewendungen finden. Denken Sie nur an »Brot und Spiele«, »brotlose Kunst«, »seine Brötchen verdienen« oder »Brot-und-Butter-Themen«. Doch zurück zum Erleben, zum sinnlichen Genuss. Hier ein Rezept für ein gutes Stück Bauernbrot:

½ Liter Buttermilch
1 Würfel Hefe
½ Liter lauwarmes Wasser
4 TL Salz
4 EL Gewürzmischung für Brot
600 g Roggenmehl
600 g Weizenmehl (Typ 550)

40 g Sonnenblumenkerne

40 g Leinsamen oder Kümmel und Koriander (probieren Sie gerne auch Kürbiskerne oder Sesam aus)

Hefe in lauwarmes Wasser krümeln. Dann alle Zutaten miteinander zu einem geschmeidigen Teig verkneten. Diesen zirka zehn Minuten kräftig durcharbeiten und dann für gut drei Stunden ruhen lassen, nochmals durchkneten, zu einem Laib formen und auf ein Backblech legen. 40 Minuten bei 200 Grad backen, dann auf 150 Grad zurückschalten und weitere 20 Minuten backen.

10 *Salz: Würze des Lebens*

Es schmeckt fad, wenn Salz fehlt – das essenziellste aller Gewürze. Wie essenziell es ist, können wir kaum mehr erahnen, schließlich sind die mittelalterlichen Zeiten vorbei, als das weiße Gold über Salzstraßen lange Monate unterwegs war, es rationiert wurde und sehr, sehr teuer war. Heute gehen wir in den Supermarkt und kaufen Salz als billiges Fabrikprodukt. Allerdings können wir immer noch nachvollziehen, dass Essen ohne Salz kein rechter Genuss ist; dann würzen wir nach. Den Kern trifft das Märchen »Salz ist wertvoller als Gold«: Da will ein König mittels der Frage, wie lieb ihn seine Töchter haben, die Nachfolge klären. Von seiner jüngsten, der Lieblingstochter, bekommt er zu hören: »Ich habe dich so lieb wie Salz.« Dieser Vergleich erzürnt den Vater so sehr, dass er sie vom Hof verstößt, bis er reuig erkennen muss, wie wichtig diese kleine Prise doch ist. Das stellen auch immer mehr Köche und Köchinnen fest und gehen zurück zu den Wurzeln – weg vom raffinierten Fabrikprodukt, hin zu dem aus dem Meer gewonnenen Urstoff. Schon die Römer gewannen ihn in Salzgärten, und noch heute wird Meersalz zum Teil in Handarbeit geerntet, etwa wenn es sich um die so genannte Blume des Salzes, die Fleur du sel, handelt oder um die feinen Salzkristallplättchen Flos salis, die ein weich gekochtes Ei zum höchsten Genuss für Geschmacks- und Tastsinn machen.

Meersalz besitzt Spuren von Kalium, Magnesium und Mangan und besteht zu 97 bis 99 Prozent aus Natriumchlorid, also Kochsalz. Dieses wird bei Regen aus den Gesteinsschichten der Berge gewaschen und gelangt über Bäche und Flüsse ins Meer. Durch die hohe Sonneneinstrahlung verdunstet das Wasser. Das Salz verdunstet nicht und bleibt im Meer zurück, die Salzkonzentration steigt. Es wird in Salzgärten in Frankreich, Spanien, Portugal, Großbritannien, Italien, Afrika und China abgebaut.

Salz braucht der Mensch täglich. Es ist gut für den gesunden Stoffwechsel, regelt den Druckausgleich in den Zellen und hilft bei der Regulierung von Wasserhaushalt und Blutdruck. Und es sorgt dafür, dass die Verdauung funktioniert. Zu viel Salz sollte man nicht konsumieren, da das – wie vieles in zu großen Mengen Genossene – negative Folgen haben kann. Die goldene Mitte liegt bei erwachsenen Frauen bei 6,4 Gramm, bei Männern bei 8,4 Gramm am Tag. Und ein Zuviel an Salz – wenn der Koch verliebt war – ist grauenhaft für die Geschmacksnerven, macht

»Glück ist, wenn ich in meiner Mitte bin und spüre, wie viel Kraft ich habe.«

Gabriele Becker, 51, PR-Agentin, München

Speisen ungenießbar. Salz steht nicht nur für Genuss, sondern auch für die Prise Glück: Zu wenig in der Suppe des Lebens ist langweilig, zu viel geht ins Gierig-Süchtige und ist auf Dauer ungesund. Entscheiden Sie sich daher für das richtige Körnchen zur richtigen Gelegenheit, und würzen Sie Ihren Tag mit diesem Schatz der Natur.

II *Nach Perlen tauchen*

Seit Menschengedenken haben sich Dichter und Denker mit dem Thema Glück beschäftigt und dazu wunderschöne Sätze und Aphorismen geprägt. Hier eine kleine Sammlung solcher »Perlen«: als positiv formulierte Sätze, die Sie wiederholen können wie ein Mantra. Mit diesen Bejahungen schaffen Sie es, Ihren Tag zu verschönern und Ihre Zufriedenheit zu verstärken. Schließlich ist es möglich, unser Gehirn so gezielt umzuprogrammieren: Bestärkungen, die immer und immer gedacht oder gesprochen werden, wandern tief in unser Unterbewusstsein, sie verändern unsere gesamte Grundeinstellung sowie – wie wir aus der Hirnforschung wissen – unsere gesamte Hirnfunktion. Und: Mantras lassen sich überall und zu jeder Zeit einsetzen. Vielleicht ist ja unter den folgenden Perlen eine dabei, die Sie als Ihr persönliches Mantra für sich nutzen möchten!?

Voilà, hier die von uns bei der Recherche zu diesem Buch gefundenen, für Sie »getauchten«:

Frei und leicht

»Glück findet sich nicht mit dem Willen oder durch große Anstrengung.
Es ist immer schon da, vollkommen und fertig,
im Entspannen und Loslassen.
Beunruhige dich nicht. Es gibt nichts zu tun.
Alles was im Geist erscheint, hat keinerlei Bedeutung, weil es keinerlei Wirklichkeit besitzt.
Halte an nichts fest, bewerte nichts.
Lass das Spiel von selbst ablaufen, entstehen und vergehen,
ohne irgendetwas zu ändern,
alles löst sich auf und beginnt wieder,
von neuem, unaufhörlich.
Allein dein Suchen nach Glücklichsein hindert dich daran, es zu sehen,
wie bei einem Regenbogen, den du verfolgst, ohne ihn zu erreichen –
weil das Glück (Glücklichsein) nicht existiert und doch immer schon da war und dich jeden Moment begleitet.
Glaube nicht, die guten und schlechten Erfahrungen seien wirklich,
sie sind wie Regenbögen, im Erlangenwollen des Nichtzu-
fassenden erschöpfst du dich vergeblich.
Sobald du dieses Verlangen loslässt,
ist Raum da – offen, einladend und wohltuend,
also nutze ihn.
Alles ist bereits für dich da. Suche nicht weiter.
Gehe nicht im undurchdringlichen Dschungel den Elefanten suchen, der schon ruhig zu Hause ist.
Nichts tun, nichts forcieren, nichts wollen (nichts, was zu wünschen bliebe, und nichts, das fehlt).
Wunderbar – und alles geschieht von selbst.«[2]
Lama Yendin Rinpoche

Geld macht nicht glücklich

»Geld allein macht nicht glücklich, aber es ist besser, in einem Taxi zu weinen als in der Straßenbahn.«[3]

Marcel Reich-Ranicki

Öffne dich deiner Welt

»Lass dich von den Umständen nicht einschüchtern.
Lass dich von den Lebenslagen nicht quälen.
Blicke hinter die Erscheinungen.
Du wirst unweigerlich glücklich sein.«[4]

Sri Chinmoy

Glück hängt von meiner Haltung ab

»Ich bin mir bewusst, dass Glücklichsein von meiner geistigen Haltung und nicht von äußeren Umständen abhängig ist und dass ich glücklich im gegenwärtigen Augenblick leben kann, indem ich mich nur daran erinnere, dass ich bereits mehr als genug Bedingungen habe, um glücklich zu sein.«[5]

Thich Nhat Hanh

Lerne das Glück ergreifen

»Willst du immer weiter schweifen?
Sieh, das Gute liegt so nah.
Lerne nur das Glück ergreifen.
Denn das Glück ist immer da.«[6]

Johann Wolfgang von Goethe aus: »Erinnerung«

Miteinander teilen

»Das Glück ist das einzige, das sich verdoppelt, wenn man es teilt.«[7]

Albert Schweitzer

Achtsam mit sich selbst und anderen sein

»Durch Achtsamkeit blüht unser Glück am besten.
Nur von der Sicherheit kommt Unglück her:
Verachtet fallen uns die kleinsten Übel schwer,
Beachtet nützen uns die größten.«[8]

Christian Wernicke

Glück kommt von Innen

»Man sieht nur mit dem Herzen gut.
Das Wesentliche ist für die Augen unsichtbar.«[9]

Antoine de Saint-Exupéry

Carpe diem

»Ein Tropfen Morgentau im Strahl des Sonnenlichts,
ein Tag kann eine Perle sein
und ein Jahrhundert
Nichts.«[10]

Friedrich Schiller

Unerschöpfliches Glück

»Glück ist ein Wunderding.
Je mehr man davon gibt,
desto mehr hat man.«

Madame de Staël

12 *Ciao, Alleinsein!*

Der schlimmste Wochentag ist der Sonntag. Die Läden sind geschlossen, keine Termine, kein Schwein ruft an, kein Grund zum Aufstehen. Die Augen bleiben zu, bis es partout nicht mehr geht, ist gestern schließlich spät geworden. Das Morgengrauen entfaltet jetzt die ganze Wucht seiner Bedeutung. Was tun mit dem lieben langen Tag? Irgendwie wird er schon rumgehen zwischen Herumdaddeln und Herumpuzzeln, hier ein bisschen gewischt, dort ein bisschen die Steuer gemacht, hier fast im Fitnessstudio gewesen, dort fast einen Brief geschrieben. Bis, ja, bis es endlich Abend wird und das Fernsehprogramm konsumierbar ist.

Ist das schade! Und nicht nur am Sonntag, solche schwer verdaulichen Alleinseinsphasen gibt es oft und auch an anderen Tagen überall. Jeder kennt und erlebt sie, und oft sind sie durchaus sinnvoll. Nach einer Trennung braucht es viel Beschäftigung mit sich selbst, nach dem Verlust eines lieben Menschen, wenn es Winter wird und man seelisch etwas anfällig dafür ist, wenn es großen Streit gegeben hat … Nur irgendwann ist es auch mal gut. Dann muss man raus unter Menschen, muss sich austauschen, lernen, an sich und anderen wachsen. Der Mensch ist auf Zweisamkeit gepolt, ein Rudelwesen, braucht Rede und Gegenrede. Die Menschen freuen sich miteinander, reiben sich aneinander, schlagen und vertragen sich. Sie zeigen sich voller Stolz, was sie können, helfen und stützen sich gegenseitig. Außerdem ist es doch ihre Lebenszeit, und die Uhr läuft ganz langsam ab. Sorgen Sie dafür, dass sie das nicht allzu sehr im Bett, am Bildschirm und beim Trübsalblasen tut. Gemeinsamkeit macht Laune!

Falls Sie sich wiedererkennen in der Alleinseinsfalle (wir müssen ja nicht gleich von Einsamkeit sprechen), gibt es einen einfachen Ausweg: Nehmen Sie den Hintern hoch und Ihr Leben in die Hand! Gehen Sie raus in die Welt, unter die Leute. Und sagen Sie bloß nicht, Sie kennen niemanden, Sie haben niemanden, mit Ihnen will niemand etwas zu tun haben. Eine plumpere Ausrede ist Ihnen wohl nicht eingefallen! Natürlich gibt es Menschen, die tun sich etwas schwerer, oder sie sind in einer schwierigen Phase oder sie haben kein Geld oder alles zusammen. Davor sollte und muss man in der Tat Respekt haben. Wenn es denn so ist, sollten Sie sich allerdings nicht in Mitleid ergehen. Und erwarten Sie sich das bitte auch nicht von den anderen. So preiswert werden Sie nicht davonkommen.

Der Schlüssel zur Zufriedenheit und zu wahrlich grandiosen Momenten liegt im Gemeinsamen. Und im Teilen – von Freude, Trauer, Last, Lachen, Schwermut, Glück. Dann halbiert sich das Verdrießliche, und das Tolle potenziert sich. Der »Toll-Kuchen« wird riesengroß, jeder Mitmacher kriegt ein viel größeres Stück davon. Wenn Ihnen das auch einleuchtet, Sie jedoch finden, dass Sie viel zu wenige Freunde, Bekannte und Verwandte haben, dann kommt hier die Liste mit 31 Maßnahmen dafür, dass diese Ausrede künftig nicht mehr zieht:

Mit dem Nachbarn zum Joggen verabreden, zum Straßenfest einem Schichtsalat mitbringen, die anderen Kinder mit vom Hort abholen, dem Lesekreis beitreten, Schwimmunterricht nehmen, auf der Kellerbühne in der Altstadt auftreten, kleinen Kindern Häkeln beibringen, in der Stadtteilbibliothek aushelfen, Computerspiele auf 30 Minuten täglich beschränken, im Verein wandern, bei den Barmherzigen Brüdern oder dem Roten Kreuz die Kleiderkammer nachfüllen, das Rauchen aufgeben, eine Fahrgemeinschaft bilden, für die örtliche »Tafel« Spenden bei den Supermärkten abholen, einen Tanzkurs belegen, Pilze sammeln, mit der Studiengruppe nach Petra reisen, sich beim Stadtmarathon anmelden, samstags für den älteren Herrn im 3. Stock mitkochen, der Frau von gegenüber die Post mitbringen, ein Hoffest für alle Mietparteien organisieren, sich bei der Telefonseelsorge engagieren, mit Blitzschach anfangen, Oma zum Essen ausführen, für Sonntag um zehn zehn Frühstücksgäste einladen, eine Stadtführung beim historischen Verein machen, den Fernseher verschenken, einen Hund anschaffen, mit öffentlichen Verkehrsmitteln ins Büro fahren, jeden Freitagabend in derselben Kneipe sitzen, heiraten.

Ihr Einwand Nummer eins: »Was das kostet!« Gegeneinwand Nummer eins: Es kostet vor allen Dingen ein Lächeln, ein Wollen und die Kraft, vom Sofa herunterzufinden; ansonsten nicht die Welt. Schließlich muss die Studienreise nicht nach Petra, sondern darf Sie auch zum Hildesheimer Dom führen.

Ihr Einwand Nummer zwei: »Alles olle Kamellen, ich bin halt mal ein spezieller Typ, da ist für mich nichts dabei!« Gegeneinwand Nummer zwei: Faule Ausrede! Schicken Sie Ihre Mailadresse an meinefauleausrede@gmx.de, dann bekommen Sie jeden Samstag drei frische Vorschläge für den drohenden Alleinsein-Sonntag. Bis Sie zurückmailen, dass Sie keine mehr brauchen.

»Glück ist für mich,
mit meiner Familie in einer Strandbar
in der Abendsonne zu sitzen
und bei einem kühlen Glas Wein
aufs Meer zu schauen.«

Thomas Hauser, 43, Marketingleiter, Augsburg

Ihr Einwand Nummer drei: »Da sind doch eine ganze Menge Sachen dabei, die man allein macht!« Gegeneinwand Nummer drei: Stimmt! Und wenn Sie die einige Male und vor allem konsequent allein machen, führt das dazu, dass Sie sie bald zu zweit oder zu zehnt oder zu hundert machen. Und dass der Sonntag der schönste Wochentag ist. Wollen wir wetten?

Partner und Familie achtsam begegnen

Was eine stabile Partnerschaft und ein harmonisches Familienleben wirklich wert sind, weiß man meist erst, wenn das Ganze bröckelt und bröselt. Dann bedrohen dunkle Beziehungswölkchen oder bereits das massive Gewitter mit Hagel und Sturzbächen diese Energiespender für Ihr Wohlbefinden. Zu gern schleicht sich der Schlendrian in den gemeinsamen Alltag, in das gemeinsame Miteinander ein. Das macht das einst so wunderbar Neue und Begeisternde plötzlich so tragschwer und düster. Lassen Sie es gar nicht erst so weit kommen. Das gelingt, wenn Sie sich Ihres nicht selbstverständlichen Beziehungsglücks bewusst sind und mit der notwendigen Umsichtigkeit gegensteuern, sobald sich da etwas zusammenbraut. Anregungen dazu gefällig? Bitte schön:

13 *An sich arbeiten*

Sind Sie gerade richtig ehrgeizig, erfahren, gebildet, gelehrig, anpassungsfähig, laut, kritisch, streitbar, liebevoll, hilfsbereit, gerecht? Dann ist es ja gut. Lesen Sie nicht weiter, Sie verschwenden hier nur Ihre Zeit; springen Sie direkt zum nächsten Kapitel. Oder aber Sie reflektieren sich nicht allzu sehr, gehen nicht allzu abgewogen mit sich ins Gericht, sind vielleicht sogar etwas selbstgefällig? Geht schon, passt schon, wird schon werden. Und was nicht passt, wird auch nicht passend gemacht. Die paar Jährchen wird's noch reichen. Falls Sie, etwas näher hingehorcht, bisweilen das untrügliche Gefühl beschleicht, dass Sie hier und da noch etwas lernen könnten, eine missliche Eigenschaft abmildern und etwas weise, milder, gelassener werden, fühlen Sie sich bitte ermuntert, es zu tun.

Vielleicht fragen Sie sich, weshalb Sie überhaupt an sich arbeiten sollen. Wo Sie Ihre Schwächen und Ihre Ecken und Kanten doch genauso mögen wie Ihre Stärken: »Jeder Mensch hat doch Fehler, und warum sollte gerade ich mich mühevoll ändern?« Ganz einfach: Wer aufhört, an sich zu arbeiten und sich weiterzuentwickeln, kann auch aufhören zu atmen. Stagnation ist wie lebendig begraben sein. Ältere, erfahrene Menschen bestätigen, dass das Leben bis ins hohe Alter fortwährendes Lernen ist und dass man nie dort ankommen wird, wo man eigentlich hin möchte. Das Schöne an dieser Erkenntnis ist, dass man sich dem großen Ziel immer noch ein Stückchen mehr nähern kann. Wer diese Chance vertut und sich stattdessen auf das beständige Treten auf derselben Stelle einlässt, das Verharren in Gewohntem und die gefühlte Unfähigkeit, sich neuen Gegebenheiten anzupassen, kann aus einem fröhlichen und aufgeweckten Menschen zum Miesepeter und Schlechtredner werden. Das können Sie für sich nicht wollen; also bekämpfen Sie die Stagnation, bevor sie entsteht. Was ist schon dabei, für das eigene Wohlbefinden und das Ihrer liebsten Mitmenschen eine Treppenstufe oder auch zwei wieder herunterzusteigen und einen ehrlichen Blick in den Spiegel zu wagen? Zugegeben, eine ganze Menge. Weil das einsichtige Heruntersteigen oder Zurückgehen oft als freudloser, demütiger und kleinlauter empfunden wird als das behende Hinaufsteigen. Was ist aber eine solch verhältnismäßig kleine Hürde, die Sie gut nehmen können, gegen eine riesengroße, die immer noch größer wird und sich regelrecht vor Ihnen auftürmt?

An sich arbeiten bedeutet, dass Sie sich Ihrer Stärken und Schwächen bewusst werden und diese nicht stillschweigend hinnehmen. Werfen wir also einen Blick auf sie: zuerst auf das Schönere – die Stärken. Die wollen weiter kultiviert und gefördert werden, sonst sind sie irgendwann belanglose »Stärkchen«. Wenn Sie im Tennis schon ganz passabel sind, geht da unter Garantie noch mehr. Wenn man gern zu Ihnen kommt und Sie um Rat fragt, sind Sie ein guter Versteher und Anleiter. Das können Sie ausbauen. Und wenn Sie ein aktiver Zuhörer sind, schätzt man Sie als Coach. (Sie brauchen es ja nicht so zu nennen, aber vielleicht steckt da drin eine schöne Weiterentwicklung.) Wie steht's außerdem mit Kochen und Backen in Sternequalität, gemeinsam Laufen bis zum Halbmarathon, mit Ihrer Tochter ein Kinderbuch schreiben? Aufgemerkt: Sie sind nicht tot! Sie atmen kraftvoll, investieren Sie diesen Atem in sich selbst, in Ihr Fortkommen und in das, was die anderen von Ihnen haben!

Nun zu den Schwächen: »Eine schlechte Angewohnheit kann man nicht aus dem Fenster werfen. Man muss sie die Treppe runterboxen, Stufe für Stufe.« Mark Twain sagte das, und er war bestimmt einer, der das sogar getan hat! Damit hat er formuliert, was viele von uns noch erkennen müssen: Veränderungen geschehen nicht über Nacht, und das gilt auch für die Umwandlung von Schwächen in Stärken. Vor allem nicht von denen, die mit der eigenen Persönlichkeit zu tun haben. Das ist besonders unbequem und kommt deshalb ganz zum Schluss. Schließlich sehen wir uns im Spiegel gern als der Schönste, Größte, Beste im ganzen Land.

Beim ersten Date mit roter Rose am Revers geht's ja noch. Da kommt man daher wie aus dem Ei gepellt, greift ganz feinmotorisch nach Keks und Serviette, führt das Glas zum Mund und nicht den Mund zum Glas. Aber gegenüber der Familie oder nach 25 Jahren Ehe kommen sie gern raus, die Marotten. Und die sind oftmals nicht von schlechten Eltern. Schlechte Angewohnheiten sind ganz gerne die, über die man sich selbst ärgert, bei sich und erst recht bei anderen. Oder halten Sie es gut aus, wenn man Ihnen beim Streiten immer ins Wort fällt? Wenn die anderen Ihnen immer die Kaffeeränder auf dem Küchentisch zurücklassen? Wenn sie an den Fingernägeln kauen und unablässig mit dem Handy telefonieren, als hätten sie weder ein richtiges Telefon noch eine Privatsphäre? All das und noch viel mehr kann Sie zur Weißglut bringen – seien Sie gewiss: die anderen auch, wenn Sie genauso sind.

In dem Maß, in dem Ihre Mitmenschen Sie mit respektlosem und unüberlegtem Handeln stören oder gar verletzen, sollten auch Sie sich Gedanken darüber machen, welche Angewohnheiten wirklich zu Ihnen gehören wie der Honig zur Biene und das Blatt zum Baum. Das sind dann die wenigen skurrilen, die durchaus akzeptabel sind und von den vielen liebenswerten Eigenschaften mehr als wettgemacht werden. All die anderen sind Anlass zum Wandel. Gummiargument dagegen: »Meine Eltern haben mich schon erzogen, du musst mich nehmen, wie ich bin.« Jedoch hat jeder das Recht dazu, auf etwas hinzuweisen, was ihn stört. Je bestimmter und wertschätzender er das tut, desto mehr wird dran sein. Und je heftiger der Kritisierte reagiert, desto eher ist da tatsächlich was im Marottenbusch. Schon der

Tacitus wusste: »Wer sich über Kritik ärgert, gibt zu, dass sie verdient war.« Also: Nicht ärgern, wenn es Ihnen so ergeht. Nehmen Sie sich lieber vor, an Ihren schlechten Angewohnheiten zu arbeiten. So packen Sie den Ärger an der konstruktiven Wurzel und gehen mit gutem Beispiel voran. Außerdem: Wer sich selbst ändert, darf auch zum Ändern auffordern.

Wenn Sie sich die folgenden Fragen in Ruhe stellen und sie offen beantworten, kommen Sie einen großen Schritt weiter bei der Lokalisierung Ihrer Stärken und Ihrer Stolperfallen. Versetzen Sie sich dazu auch in die Menschen um Sie herum. Nehmen Sie sich Zeit für diese Stunde der Erkenntnis, denn Sie sollten ganz genau in sich hineinhorchen. Was antworten Ihnen vor allen Dingen Ihr Herz und Ihr Bauch (der Kopf kommt zum Schluss)? Beantworten Sie die folgenden zehn Fragen am besten schriftlich:

1. Was mag ich an mir? Was davon möchte ich weiter ausbauen?
2. Was gefällt anderen an mir?
3. Was mag ich nicht an mir? Was davon möchte ich abstellen?
4. Was geht den anderen an mir auf den Geist?
5. Was kann ich ganz besonders gut und möchte ich noch viel besser können?
6. Was kann ich gar nicht, würde ich aber liebend gern lernen?
7. Was wollte ich schon einmal lernen, habe es aber nicht geschafft? Warum?
8. Was wollte ich an mir schon einmal ändern, habe es aber nicht geschafft? Warum nicht?
9. Was genau bewundere ich an meinen drei größten Vorbildern? Was kann ich mir abschauen?
10. Wie heißt mein größter Traum? Was bin ich bereit zu tun, damit er wahr wird?

Dann los! Was brauchen Sie? Wer kann Sie unterstützen? Wie sehen die kleinen und die großen Abmachungen mit Ihnen selbst aus, damit der Wandel gelingt? All das überlegen Sie sich für Ihr Fortkommen, im Beruf wie daheim und in der Freizeit; für Körper und Geist, Herz und Seele. Gehen Sie ran an den Speck und sagen Sie nicht: »Das kann ich nicht.« Am wichtigsten und ein guter Leitsatz beim Wandeln: Ruhe in dir, aber ruhe nicht immer an derselben Stelle.

14 *Großmütig sein*

Man schreibt diese edle Tugend vor allem starken und mächtigen Menschen zu – möglicherweise sind sie auch deshalb so stark und so mächtig, weil sie großmütig sind. Kaiser, Könige und Feldherren waren solche Menschen; wahrlich große Politiker sind es auch. Natürlich nicht alle, Gott bewahre, doch es gibt viele Berichte von edlem Verhalten in der Sekunde des Sieges und des Triumphs, des Bösen und des Ärgerlichen, in der großes Gutes gemeinhin keinen Platz hat. Mit der Gabe Großmut verbindet man beim ersten Gedanken dagegen eher nicht das gemeine Volk – wohl auch deshalb, weil man meint, der Mensch an sich habe ganz andere Alltagssorgen und -bestrebungen, als sich um seine hehren Charakterzüge zu bemühen, geschweige denn sie an den Tag zu legen. Wer verfügt schon über die Muße und die Kraft, ständig diejenigen Querulanten, Störenfriede und Nervensägen an sein Herz zu drücken, die ihn daran hindern, seinen Seelenfrieden zu finden und ohne Gedankenballast für sein Fortkommen zu sorgen? Kann man denn tatsächlich nur großmütig sein, wenn man über allem steht, ja schwebt, und das wahrhaft Königliche aus der Vogelperspektive ganz geruhsam reflektiert? Ist nur der Mächtige dazu befähigt, so zu handeln?

Diesen Gedanken folgend besitzt Großmut fast schon etwas Stoffliches: wie Land und Getreide, das man nur verteilen kann, wenn man mehr davon besitzt, als man bestellen und essen kann. In diesem Sinne erfordert gelebte Großmut gerade bei denjenigen ein besonderes Gespür, denen weite Ländereien und wilde Schlachten fern sind: bei uns allen, von Ausnahmen abgesehen. Wir brauchen ein Gespür für die Sensibilität im rechten Moment und dafür, in eben diesem Moment Rachsucht (»wie du mir, so ich dir«) und die übliche Reiz-Reaktion – wo ein Wort das andere gibt – auszublenden und stattdessen das Geschenk der Milde zu machen. Seit dem Mittelalter zählt Hochherzigkeit zu den wichtigsten Charaktereigenschaften ganz besonderer Persönlichkeiten, denn »groszmuth ist edelmuth mit selbstbesiegung«, wie wir im *Grimmschen Wörterbuch* lesen können. Deshalb haben wir bei selbstlosen Taten gern das Bild vom Kriegsherrn im Kopf, der nach gewonnener Schlacht seinen unterlegenen Feind begnadigt und unbehelligt ziehen lässt. Franz-Herbert Hubmann, Facharzt für Neurologie und Psychiatrie in Innsbruck, sieht in diesem »Nicht-Verurteilen« die logische Konsequenz der Großmut. Zudem sorgt sie dafür, kleinere Angriffe schnell zu vergessen, Widerstände zu überwinden und überhaupt das Leben lebenswerter zu gestalten.

Im Umgang mit geliebten, uns nahestehenden Menschen vergessen wir die Großmut oft. Vermeintliche oder tatsächliche, kleinere und größere Fehler und Missgeschicke sorgen dafür, dass Sie sich gestutzt und angeblafft fühlen. Im Alltag geht der Gaul mit einem schnell durch – und sogar ganz besonders schnell, wenn die Meinung vorherrscht, dass »der das extra macht, um mich auf die Palme zu bringen«. Der Neurologe Franz-Herbert Hubmann erweitert hier den Großmut um eine weitere Facette: die Toleranz. Das produktive Dulden anderer Meinungen, Gesinnungen und Gewohnheiten ist der erste Schritt zu einem fruchtbaren Miteinander. Durch tolerantes Verhalten wird man befähigt, mit Leuten auszukommen, die anders sind als man selbst. Das brauchen wir tatsächlich: weil wir die anderen nur im geringen Maße ändern können und weil es viel weniger kraftzehrend ist, mit ihren merkwürdigen Aktionen und Reaktionen auszukommen. Allerdings nicht immer und überall, Abgrenzung tut auch hier not. (Sonst heißt es noch über Sie: »Mit dem kann man so schön Schlitten fahren.«) Aber doch bei den Gelegenheiten, die nicht banal, sondern es wert sind, über den eigenen Schatten zu springen und den kleinen edlen Feldherrn herauszulassen.

Sie können lernen, kleine Spitzen am Küchentisch und die Schweinerei nach dem umgeworfenen Kakao einfach wegzustecken. Sagen Sie jetzt nichts! Atmen Sie lieber leicht hörbar dreimal tief ein und wieder aus. Nehmen Sie sich Zeit, in der Sie in Ruhe mit dem Geschehenen umgehen: Hat der andere das wirklich so gemeint, oder habe ich da was in den falschen Hals gekriegt? Geht's Ihrem Gegenüber vielleicht nicht gut, braucht er Ihre Unterstützung und nicht Ihre Kritik? Was macht Sie an dem Vorkommnis tatsächlich traurig oder sogar zornig – kann es sein, dass Ihr Ärger auch wieder schnell verdampft? Diese Stunde, in der Sie Ihre Gedanken – oder besser noch Ihre Beine – um den Block spazieren lassen, trägt zur Klärung bei. Vieles wird dann winzig klein und dort abgelegt, wo es hingehört: in die Ärger- und Aufregschubladen Ihres Lebens. Übrig bleiben die wahren Aufreger, die dann in Ruhe geklärt werden können.

Sei es Ihre Frau oder Ihr Mann, Ihr Kind oder die gern ins Feld geführte Schwiegermutter: Bitten Sie zum klärenden Gespräch, in dem Sie ohne Umschweife sagen, was 1. geschehen ist, 2. Sie stört und 3. Sie sich für die Zukunft wünschen. Auch das ist Großmütig-Sein – konstruktiver Umgang mit all dem, was und wie es diskutiert wird (mehr dazu siehe Kapitel »Konstruktiv streiten«, Seite 74). Heraus kommt, Sie werden sehen, ganz viel Einsicht, sehr viel Lächeln, überraschend viel an aufgeklärtem Missverständnis, ordentlich viel Sich-Umarmen, wenige Tränen und eine Prise Demut vor dem Mysterium des menschlichen Miteinanders.

Besonders deutlich werden die Vorzüge eines solch bedachten Vorgehens, wenn Sie selbst einmal darauf angewiesen sind. Auch Ihnen passieren Missgeschicke, auch Sie sind manchmal stinkstiefelig und im Eifer eines hitzigen Gefechts ganz schön kaktussig. Wenn Ihnen das wieder passiert, werden Sie es sehr zu schätzen wissen, dass auch der von Ihnen Bedrängte, Angemeckerte, Beschädigte seine Lektion in Nachsicht und Hochherzigkeit bereits gelernt hat und – viel besser – seine Erkenntnis Ihnen angedeihen lässt.

»Glück sind die Momente,
in welchen es mir gelingt,
mein inneres Drängen
nach so etwas Unbestimmbarem
wie Zufriedenheit, Glück, Reichtum,
Befriedigung ... loszulassen.
Daher lautet meine Glücksformel:
Akzeptiere, was ist!«

Christian Seidel, 51, Medienmanager, Imperia/Italien

Sicher sehen Sie es ähnlich wie Konfuzius: »Macht ohne Großmut und äußere Trauer ohne Schmerz, das sind Dinge, die ich nicht mit ansehen kann.« Dann haben Sie ab jetzt jeden Tag bei etlichen Gelegenheiten die Möglichkeit, sich ganz bewusst für den Weg der Toleranz und des nachsichtigen Miteinanders zu entscheiden, Entschuldigungen anzunehmen und die Dinge etwas ruhiger anzugehen.

15 *Konstruktiv streiten*

Streiten – da geht es zur Sache, da sind Bedürfnisse im Spiel, bezieht der eine diese Position, bezieht der andere jene. Das ist ganz normal, der Rahmen eines jeden Streits. Doch lassen sich Konflikte so oder so austragen – destruktiv oder konstruktiv. Beim destruktiven Streiten gibt man sich dem Streit voll hin und setzt noch eins obendrauf. Meist beginnt es mit einer Kleinigkeit, die einem nicht passt, und innerhalb weniger Minuten befindet man sich in der schönsten Schlammschlacht. Hat jeder schon mal erlebt, ganz besonders gern morgens um sieben im Bad mit der berüchtigten Zahnpasta vom Vorgänger im Waschbecken: »Immer muss ich Deinen Dreck wegmachen. Ich bin nicht deine Putzfrau!« In dieser Attacke verstecken sich gleich zwei Vorwürfe: erstens das angriffslustige und mit dem Finger auf den anderen zeigende »Du«; zweitens die kommunikative Keule »immer«. Bei so viel Wut und ungebremstem Angriff kann die Situation im Grunde nur so enden, dass der eine grollend beim Gehen die Tür zuknallen lässt und der andere bis zum Abend schmollt. Deshalb: Solche Streits führen zu nichts, sie verbreitern Gräben und bieten keine Annäherung. Versuchen Sie lieber konstruktiv zu streiten, ohne zusätzlich Öl ins ansonsten so schön lodernde Beziehungsfeuer zu gießen.

Standpunkte müssen in sozialen Beziehungen immer erstritten werden, und konstruktiv geführte Auseinandersetzungen besitzen vor allem eines: die Chance, eine Lösung zu finden und Nähe zu schaffen. Sie bauen eine wertschätzende Atmosphäre auf – egal ob zum Beziehungspartner oder zu anderen Familienmitgliedern und Freunden. Im Büro gelten etwas andere Regeln, es wird sachlicher gestritten, da man bei allzu hitzigen Disputen seinen Job und damit seine Existenzgrundlage gefährden kann.

Dabei birgt destruktives Streiten im Privaten wie im Beruf das gleiche Risiko, führt es unweigerlich zum Rückzug und auf die Dauer zum Bruch. Jedes Mal, wenn Sie einen Streit gewinnen, hat Ihre Beziehung zu dem anderen Menschen etwas verloren, weil Sie ihn als Person bekämpft und nicht das Problem gelöst haben – in dem Sinne nämlich, dass sich Ihre Standpunkte aneinander annähern und Sie einen Kompromiss auf höchstmöglichem Niveau finden. Achten Sie daher auf die konstruktive Streitkultur. Das beginnt bei der aktiven Wahrnehmung Ihres Gegenübers: Man kann nur auf ein Argument reagieren, wenn man es auch verstanden hat. Bei verbalen Auseinandersetzungen hat das Zuhören deshalb höhere Priorität als das Reden. Dank des konzentrierten aktiven Zuhörens gelingt es, Missverständnisse, Unterstellungen und sogar bösartige Taktiken rascher zu erkennen und ruhig und sachlich als solche zu entlarven. Das bedeutet auch, dass Sie Ihre Emotionen kontrollieren, den anderen ausreden lassen, Ihren Standpunkt klar und verständlich machen und die Meinung Ihres Gegenüber als solche akzeptieren. Vermeiden Sie, ihm Ihre eigene überstülpen zu wollen, und begreifen Sie jeden Streit als Chance, sich anzunähern und aneinander zu wachsen.

Sie sollten jedoch nicht erst im Streit konstruktiv werden, sondern bereits dann, wenn es um Ihre Bedürfnisse und die Ihres liebsten Menschen geht. Hand aufs Herz: Wann haben Sie das letzte Mal offen und ehrlich über Ihre Probleme und Wünsche gesprochen? Es kann gut sein, dass Sie es aus Resignation, Gewohnheit oder Angst vor Konflikt lange Zeit lieber gelassen haben. Mit dieser Haltung können Sie Konflikte zwar erst einmal vermeiden, doch schaffen Sie mit Schweigen ein Beziehungsvakuum. »Wer seinen Ärger hinunterschluckt, killt auf Dauer die gemeinsame Liebesbasis«, weiß die Berliner Paartherapeutin Berit Brockhausen und meint: »Wenn Sie sich in Ihrer Beziehung einsam fühlen, zeigt das, dass Sie sich nach etwas sehnen, was schon immer fehlt oder im Lauf der Zeit verloren gegangen ist. Sei es mehr Nähe, mehr Abenteuer, mehr Sex, mehr Hilfe und Unterstützung, mehr Abwechslung oder ein befruchtender geistiger Austausch.« Versuchen Sie, das herauszufinden, und suchen Sie das konstruktive Gespräch:

- Öffnen Sie sich, und sprechen Sie Ihre Wünsche und Sehnsüchte ehrlich an.
- Packen Sie Kritik und Wünsche in Ich-Botschaften: »Ich habe das Gefühl, dass ...«, »Ich fühle mich ...«, »Ich würde gerne ...«. Damit sind Sie weniger anklagend und stoßen auf mehr Gehör.
- Vermeiden Sie Arroganz und Killerwörter wie »immer«, »ständig«, »nie«, »alles« oder »dauernd«.
- Fragen Sie Ihren Partner, wie er die Sache sieht, wie er sich vorstellen könnte, dieses Problem zu lösen.
- Bleiben Sie höflich und sagen Sie »Bitte«, »Ich verstehe dich ja auch ...«

- Machen Sie einen bewussten Perspektivenwechsel: Versetzen Sie sich in der Lage des anderen, und sehen Sie die Sache von seiner Warte aus. Das hilft, neues Licht auf einen Sachverhalt zu werfen und das Verhalten des anderen besser zu verstehen.
- Entschuldigen Sie sich, wenn sich Ihr Partner durch eine Ihrer Äußerungen verletzt fühlt. Übrigens: Damit die Beziehungsbilanz wieder ins Lot kommt, lassen glückliche Paare nach Erkenntnissen des amerikanischen Paargurus John Gottman einer negativen Äußerung fünf positive, besonders liebevolle Worte folgen.
- Wenn Sie etwas nicht verstanden haben, haken Sie nach, statt sich schmollend zurückzuziehen. Es kommt immer mal vor, dass man Dinge falsch versteht oder so verstehen möchte und sich dann zickig auf ein Machtspielchen verlegt. Besser ist es, mit einer Frage nachzuhaken, um die Diskussion in Gang zu halten und schneller zu einer gemeinsamen Lösung zu finden.
- Suchen Sie nach Kompromissen zwischen Ihren unterschiedlichen Bedürfnissen und Wünschen.
- Entwickeln Sie eine gemeinsame Perspektive, die Sie gemeinsam verfolgen: »Es gibt wenig, was eine Beziehung so bereichern und die Partner (wieder) attraktiv machen kann, wie das Gefühl, gemeinsame Ziele zu haben und diese auch zu erreichen«, so der Paartherapeut Hans Jellouschek.
- Setzen Sie sich eine Deadline: Auch der Streit und vor allem dessen Lösung sollten terminiert sein, sonst läuft das Ganze irgendwann aus dem Ruder, und keiner weiß mehr, worum es eigentlich ging. Dann gibt es nur Verlierer.
- Enttäuschungen und Krisen gehören zu einer Beziehung genauso dazu wie die Sonnenseiten des gemeinsamen Glücks;

sie sind kein K.-o.-Kriterium. Wichtig ist nur, zielorientiert darüber zu sprechen.

- Es gibt auch Themen, bei denen man trotz Reden und der Suche nach einem Kompromiss nicht weiterkommt. Fragen Sie sich in diesem Fall, ob möglicherweise gegensätzliche Lebensträume der Grund dafür sind, die sich trotz der Anstrengungen, immer wieder Brücken zu bauen, nicht bewältigen lassen. Thematisieren Sie solche Gedanken offen, auch wenn es für die Beziehung eng werden könnte, denn nur so kommen Sie tatsächlich einen Schritt weiter. Damit zeigen Sie Ihrem Partner, wo Sie stehen, und geben ihm die Chance, noch einmal in sich zu gehen und zu prüfen, ob es nicht doch einen viel schöneren Weg miteinander gibt.

16 *Werte leben*

Diese Diskussion wird, so haben Sie wahrscheinlich auch das Gefühl, geführt, seit Sie denken können: Regelmäßig reden Berufene – oft auch Selbstberufene – im Fernsehen aufeinander ein und sagen uns, was gesellschaftsmäßig zu tun ist. Und zwar dringend. Sie füllen Essays in Zeitungen und Zeitschriften und ganze Bücher und machen uns weis, dass der Untergang des Abendlandes kurz bevorsteht, weil die Einstellungen darben und der Umgang verdirbt und sowieso Matthäi am Letzten ist. Besondern gern hacken sie auf der Jugend herum, die »total verweichlicht« abhängt und sowieso keine Zukunft hat, wenn sie sich jetzt nicht am Riemen reißt und das Kabel von der Computerspielstation aus der Steckdose zieht. Solche Diskussionen sind durchaus wichtig, sonst blieben Fernseher schwarz und Zeitung weiß, und sie rufen uns immer wieder in Erinnerung, worum es im Leben eigentlich geht – Werte und Normen, Sitte und Moral.

Es geht darum, so zu leben, dass die Welt in ihren Fugen bleibt. Mehr noch, um einen spürbaren Beitrag zur Gesellschaft zu leisten; dafür, dass die Welt ein Stückchen besser wird. Ach, um nicht weniger? Nun ja, machen wir diese große Botschaft griffig und teilen sie auf in kau-, schluck- und verdaubare Portionen: Materielle Werte sind Geld und Eigentum (das ist hier nicht so spannend). Persönliche Werte sind die, die Sie an sich und Ihren Mitmenschen schätzen. Solche wie Vertrauenswürdigkeit, Taktgefühl, Loyalität und Solidarität. Sie entsprechen Ihren Vorstellungen von den Grundfesten des sozialen Miteinanders. So funktioniert, wenn es nach Ihnen geht, Gemeinschaft am besten. Zu den Werten (den positiven, attraktiven) gehören auch die gesellschaftlichen Normen – das, was man gemäß abendländischer Erziehung tun und was man besser bleiben lassen sollte (sie sind eher restriktiv). Es gibt religiöse beziehungsweise christliche Werte wie Glaubens- und Bibelfestigkeit und sittliche Werte wie Anstand und Treue. Sie alle spielen eine Rolle, wenn wir die Menschen auswählen, mit denen wir uns umgeben möchten. Dabei ist entscheidend, dass die für besonders wichtig befundenen Werte auf beiden Seiten so weit wie möglich übereinstimmen und man damit auf kompatible Eckpfeiler und Ansichten im Leben zurückgreifen kann. Wer es also im Sinne von Luft, Liebe und Freiheit krachen lässt wie der bunteste Vogel, heute nicht kommt, sondern lieber morgen, auf die Etikette pfeift und den anderen mit seinem bezauberndsten Mir-kann-man-nicht-böse-sein-Lächeln das Kleingeld wegschnorrt, der ist zwar dadurch noch kein böser Mensch …

Doch wenn alle machen, was sie wollen, und das ohne Rücksicht, wächst es sich aus, und bald ist Schluss mit Werten und Normen, Sitte und Moral. Deshalb existieren, damit in der Gesellschaft mehr gedeiht als bloßes Funktionieren, gewisse Konventionen.

Welche Ansichten vertreten Sie? Vieles ist erlaubt, wenig verboten. Werte können im persönlichen Bereich fast alles sein: Autoritäre Erziehung ist für den einen so wichtig wie für den anderen Freiheit und Selbstbestimmung. Wenn Sie Ihre Werte mit Sinn und Gehalt füllen, sollten Sie den anderen diese Freiheit auch zugestehen. Jeder nach seiner Fasson, bis zu diesem gewissen Grad. Solange keiner in seinen Persönlichkeitsrechten beschnitten wird, sind Ihre Werte und wie Sie sie ausleben Ihre Sache, und da darf Ihnen keiner hineinreden. Theoretisch, im richtigen Leben, sieht das etwas anders aus. Ganz einfach, weil Sie oft genug anecken mit Ihren Ansichten und den Positionen, die Sie leben und vertreten. Beruhigend: Den anderen geht es genauso. Deshalb ist es wichtig, dass Sie sich zum einen nicht beirren lassen, zum anderen so verständnisvoll und tolerant sind, dass Sie andere Ansichten und Verhaltensweisen gelten lassen, solange sie Ihnen nicht gegen alle Striche gehen.

Bevor Sie Ihre Werte richtig leben können, müssen Sie sie kennen: Was haben Sie mitbekommen in der Familie und bei der Erziehung; dadurch, dass sie Ihnen einfach vorgelebt wurden? Vieles hat sich später im Freundeskreis verändert und gefestigt, wurde durch Erfahrungen und Erlebnisse weiter geprägt. Was ist das genau, was Ihnen wichtig ist? Schauen Sie dazu Ihre engsten Freunde an, Ihre Eltern und Ihre Vorbilder im Beruf. Wie leben die ihr Leben? Welchen spürbaren Beitrag zur Gesellschaft leisten die? Was erwarten sie von Ihnen? Drehen Sie nun die Hand mit dem Zeigefinger um, und überlegen Sie, was das für Sie bedeutet. Die Leben der anderen können Ihren Anspruch ans Leben und an den Beitrag, den Sie zu leisten bereit sind, konkretisieren. Ein gutes Halteseil beim Leben Ihrer Normen und Werte ist der so einfache wie wirksame Leitsatz, dass Sie andere so behandeln sollten, wie Sie selbst behandelt werden möchten (ohne das gleich als Kant'schen Imperativ überhöhen zu wollen).

Das mit den Werten ist also gar nicht so dröge, wie es scheint. Vieles wissen und leben Sie, ohne sich täglich darüber Gedanken zu machen. Dafür braucht es eine gehörige Portion Intuition und den innigen Wunsch, dass es gemeinsam besser geht und andere von Ihren Überzeugungen profitieren sollten. An erster Stelle die Kinder. Das Berliner Bundesforum Familie schreibt treffend, dass »die Pluralität von Werten ein Angebot, aber auch eine Herausforderung« darstellt: »Schon im frühen Kindesalter müssen Voraussetzungen dafür geschaffen werden, um diese Herausforderung meistern zu können, durch Bildung einer selbstbewussten sowie urteils- und gemeinschaftsfähigen Persönlichkeit.« Deshalb gibt es viele Projekte von Organisationen, Werte mit wunderbaren Projekten für alle Altersstufen lebbar und erlebbar zu machen; für kleine genauso wie für große Kinder (www.kinder-brauchen-werte.de). Es hört nämlich nie auf, und wenn Sie wachen Ohres und sehenden Auges durch Ihre Welt spazieren, wird sich auch für Sie vieles verändern und festigen, prägen und klären. Es wird Sie zufriedener sein lassen und lachen machen.

17 *Trugbild Traumpartner*

Der Prinz auf dem Schimmel, der einem die Wünsche von den Augen abliest, kommt tatsächlich bloß im Märchenbuch dahergeritten. (Wahlweise darf es eine Prinzessin sein.) Eine folgenreiche Erkenntnis, die sich einzugestehen schwerfällt: »Wenn Sie einen Partner fürs Leben wählen, dann wählen Sie auch eine bestimmte Anzahl unlösbarer Probleme, mit denen Sie sich dann in den nächsten zehn, zwanzig oder gar fünfzig Jahren herumschlagen müssen«, schreibt der amerikanische Eheberater Daniel Wile kompromissfrei ehrlich in seinem Buch *Partnerschaftsprobleme – kein Problem*. Nur Phantasiefiguren haben keine Fehler, was im italienischen Märchen *Marzipanchen* die Königstocher dazu veranlasst, sich ihren Traummann zu backen – doch auch hier sind Komplikationen vorprogrammiert, versteht sich. Und angesichts des Entstehungsjahrs des Märchens 1637 wird klar, wie uralt das Thema ist. Dennoch halten wir bis heute an der schönen Vorstellung fest, der Prinz, die Prinzessin müsse perfekt sein, allen unseren Träumen und Erwartungen entsprechen. Dieser Anspruch wird genährt durch Kino und Fernsehen, wo es in den Liebeskomödien bloß beim Kennenlernen zu Irrungen und Wirrungen kommt. Später ist dann alles in Butter bis ans Ende ihrer Tage: Gänzlich unbekannt sind Reibungen wegen unterschiedlicher Ansichten und Marotten – wenn der Partner immer brüllend laut fernsieht, wenn er immer das Wort an sich reißt und wenn er bei allem alles besser weiß.

Mit einem solchen Exemplar bemannt oder befraut, beginnt man gerne mit dem Umerziehen. Schließlich hat Dazulernen noch niemandem geschadet, meint man. Das perfekte Deckelchen wünscht man sich nicht nur in der Beziehung, sondern auch davor: Bei Singles liegt die Messlatte genauso hoch. Nach einer Studie des Magazins *Focus* haben mehr als 60 Prozent der Singlefrauen und 52 Prozent der Singlemänner hohe bis sehr hohe Erwartungen an ihren Wunschkandidaten, und Sie überschätzen dabei häufig den eigenen »Partnerwert« (ups!). Fragen Wissenschaftler genauer nach, steht Attraktivität bei beiden Geschlechtern an erster Stelle, gefolgt von Ehrgeiz und Einkommen. Danach kommen die unterschiedlichsten Wünsche und Bedürfnisse. Nur: Alle auf einmal, das funktioniert nicht! Zwischen Traum und Wirklichkeit klafft eine Lücke. Aus diesem Grund listen die »ehrlichen Kontaktanzeigen« im Junge-Erwachsenen-Magazin *Neon* auch schlechte Eigenschaften auf. Manche Bindungssucher lassen da sogar den Ex zu Wort kommen, um das Risiko einer neuerlichen Bauchlandung etwas zu entschärfen (www.neon.de/kat/ehrliche_kontaktanzeigen).

Eine realistische Selbsteinschätzung ist für den Paarlauf mit exzellenten Haltungsnoten sicherlich wichtig, ebenso wie sich im Klaren darüber zu sein, dass der andere nicht alle Merkmale eines Traumpartners erfüllen kann. Es ist schon viel, wenn es mit den wirklich und unabdingbar wichtigen Kriterien klappt; nämlich mit denen, die Sie auf alle Fälle mit einer glücklichen Partnerschaft verbinden. Das kann die gleiche Auffassung von Leben und Familie sein, eine gemeinsame Leidenschaft oder ähnliches politisches Engagement. Fragen Sie sich an der Stelle: Was wünschen Sie sich von Ihrem Mister oder Ihrer Miss Nahezu-Perfekt? Und geben Sie hier jeweils drei Antworten:

1. Bei den Charaktereigenschaften sind mir sehr wichtig …
2. Von meinem Partner verspreche ich mir …
3. Liebe bedeutet für mich …

Allen anderen, nachrangigen Neigungen und Vorlieben – etwa Ihre Liebe fürs Theater, für Kunst und Musik – können Sie immer noch mit Freunden oder sogar ganz allein nachgehen. Hundertprozentige Übereinstimmung kommt so gut wie nie vor, und auch bei 90 oder 80 Prozent wird es schon kritisch. Sie müssen und Sie können mit einem Menschen nicht alle Interessen und Ansichten teilen. Das Gute daran: Unterschiede haben ihren Reiz! Nicht umsonst gibt es in immer mehr Unternehmen das Auswahlkriterium »Diversity«: Kollegen aus verschiedensten Kulturen und Religionen, mit unterschiedlicher sexueller Orientierung arbeiten in Teams zusammen mit dem Ziel, von der Vielfalt der Meinungen und Ansichten zu profitieren. Vergessen Sie also das Umerziehen, noch bevor Sie damit anfangen, und freunden Sie sich lieber mit den liebenswerten Ecken und Kanten des Menschen Ihrer Herzenswahl an. Sind bestimmte Eigenarten und Maröttchen partout nicht auszuhalten, versuchen Sie es mit einem konstruktiven Gespräch (siehe Kapitel »Konstruktiv streiten«, Seite 74), und lernen Sie sich dabei selbst wertzuschätzen.

Denn wer sich selbst wertschätzt, so die Botschaft des Erfolgsratgebers von Eva-Maria Zurhorst *Liebe dich selbst, und es ist egal, wen du heiratest*, braucht nicht ununterbrochen den Liebesbeweis des anderen. Er sieht sich nicht als Opfer, das Liebe beim anderen auftanken muss, sondern kann durchaus auch bei sich selbst den Nektar saugen, der ihn autarker, authentischer und glücklicher macht. Die wichtigste Voraussetzung dafür ist, dass Sie sich annehmen, wie Sie sind. Das ist eine Haltung, die nicht mit dem Verstand, sondern nur mit dem Herzen gelingt. Wertschätzung ist die Kraft des Herzens. Sie nimmt an, ohne zu werten: Was ist, das ist! Wer nach diesem Motto lebt, geht fürsorglicher mit sich selbst und mit anderen um. Wie schön ist es, einen Partner zu haben, den man liebt? Das sagt der Liebespoet Erich Fried in seinem Gedicht »Was es ist«:

»Es ist Unsinn
sagt die Vernunft
Es ist was es ist
sagt die Liebe
Es ist Unglück
sagt die Berechnung
Es ist nichts als Schmerz
sagt die Angst
Es ist aussichtslos
sagt die Einsicht
Es ist was es ist
Sagt die Liebe
Es ist lächerlich
Sagt der Stolz
Es ist leichtsinnig
Sagt die Vorsicht
Es ist unmöglich
sagt die Erfahrung
Es ist was es ist
sagt die Liebe.«[11]

18 *Immer wieder überraschen*

Es gibt keinen schöneren Moment für das Herz als den, in dem es von jetzt auf gleich, von einer Sekunde auf die andere kräftig hüpfen darf. Das tut es, wenn die dröge Alltagsstimmung wundervoll durchbrochen wird; wenn die Lebensgeister auf einmal hellwach sind; wenn Freude zum Lächeln und Lächeln zum Lachen wird. Es ist so einfach, dorthin zu gelangen. Alles, was Sie dazu brauchen, sind die Zutaten Leidenschaft, Wachsamkeit und Findigkeit. Und etwas Gespür für die kleinen Dinge, die das Feuer am Lodern halten oder es neu entfachen. Damit lassen sich wundervolle Dinge anstellen, mit denen Sie den Tag zu Ihrem Tag machen; und zum Tag des liebsten Menschen, den Sie kennen.

Früher steckte die Überraschung in dem Tütchen mit den drei Sammelbildern. Sie steckte im Schokoladenei und natürlich in der Wundertüte. Sie steckte durchaus auch im Zeugnis und im finalen Wort des Fahrlehrers bei der Prüfung. Vor allen Dingen fand sie dann statt, wenn man einen Kaufladen zum Geburtstag bekam oder die elektrische Eisenbahn zu Weihnachten, an der Papa seit Mitte Oktober mit Kunstrasen, Tannenbäumchen und Plastikbahnhof herumgebosselt hatte; wenn die Eltern sonntagmorgens sagten, dass es am Nachmittag in den Zirkus geht. Und wenn es, schwuppdiwupp, in ganz besonderen Momenten eins hinter die Löffel gab. Immer dann wurden die Augen ganz groß und war der Moment lange unvergesslich. Weshalb »wurden« und »war«? Was ist denn mit heute – darf das, bis auf das Hinter-die-Löffel, heute nicht mehr so sein?

Schnell schleicht der Schlendrian sich ein, wenn Beziehung Gewohnheit wird und der Himmel nicht mehr voller Geigen hängt. »Flitterwochen dauern nicht ewig«, stellte jemand einmal fest, anschließend kommt nämlich der ewige Alltag. Und der ist, wenn wir nicht ganz doll aufpassen, schnell überraschungsfrei. Wie schade, erhält doch die kleine Aufmerksamkeit, errötet überreicht, die Kindesfreude in der Frau wie im Manne. Jedoch dazu gehören eben die drei unabdingbaren Überraschungszutaten:

Zutat eins: Leidenschaft. Sie braucht es, um sich etwas Nettes, Tolles, Liebes zu überlegen. Das Blümchen zum Abendbrot, den Ring im Eisbecher, das Biofrühstück im Bett, die handgeschriebene Postkarte, den selbst gebastelten Adventskalender, die erledigte Koch-, Bunt- und Feinwäsche, wenn der andere abgekämpft nach Hause kommt. Leidenschaft lohnt sich deshalb besonders, weil sie Überraschungen produziert, und Überraschungen produzieren Leidenschaft – das ist wie ein ganz besonderes Perpetuum mobile. Wenn die Leidenschaft auf Ihrem Lebensweg irgendwo die falsche Ausfahrt genommen hat –

wecken Sie sie auf! Prima geht es in ganz kleinen Schritten, für die Sie wenig Zeit, viel Muße und am besten überhaupt kein Geld zur Hand nehmen. Große Ideen sind viel besser als große Ausgaben, besonders in einer Zeit, in der der Mensch meist ohnehin schon all das besitzt, was er tatsächlich braucht. Dann fehlen ihm eher Wärme, Nähe, Geborgenheit. Und die können Sie ihm geben, wenn Sie mit Ihrer Überraschung ein Zeichen setzen: Ich mag dich, ich liebe dich, du bist mein Augenstern. Dieses Zeichen ist das Lippenstiftherz am Spiegel im Bad und der Schokoladenmaikäfer auf dem Armaturenbrett.

Zutat zwei: Wachsamkeit. Wenn der Draht zu Ihren Lieben schon ziemlich verbogen und an manchen Stellen dünn geworden ist, können Sie das Schnarchen der Beziehung vermutlich schon hören. Rütteln Sie sie wach! Wenn Sie genauer hinhören, hinsehen und hinfühlen, werden Sie erkennen, was den Menschen neben Ihnen im Bett und gegenüber am Tisch bewegt. Schauen Sie ihm in die Augen, lesen Sie zwischen den Zeilen seiner Stirnfalten, nehmen Sie seine Hände in die Hand. Dann spüren Sie ihn wieder, und Sie wissen, wie seine Augen wieder ganz groß werden und vielleicht sogar eine Träne der Rührung auftaucht. Wie schön ist das denn? Es ist das klein gefaltete Zettelchen mit der hingehauchten Zeile in der Handtasche, es ist eben nicht der Gutschein für den selbst gebackenen Kuchen, sondern das vollendete Backwerk, duftend, bemandelt und bekerzt. Es ist der Satz auf der Voicebox, dass Sie lieben wie am ersten Tag – und wen, sagen Sie auch dazu.

Zutat drei: Findigkeit. Wenn Sie leidenschaftlich und wachsam sind, liegen die Möglichkeiten der Überraschungen auf der Hand. Da gibt es nichts, was es nicht gibt. Nichts ist zu klein, nichts zu popelig, nichts zu billig und nichts zu merkwürdig. Hier lassen Sie sich idealerweise von Ihrem Bauch leiten, der weiß am besten, was am Schönsten ist. Groß nachdenken müssen Sie gar nicht, und falls Sie leichte Peinlichkeitsbedenken haben, schauen Sie bitte ein paar Folgen dieser amerikanischen Singlegroßstadtserien im Fernsehen. Dann wissen Sie, dass Sie mit Ihrem selbst geschossenen Foto vom letzten beschwipsten Picknick, mit der kreativ geklauten Tischnummer dieses verhuschten Lokals in Positano und auch damit, dass Sie eigenhändig die seit Jahren quietschende Küchentür geölt haben, ganz vorn mit dabei sind. Die Überraschungsgelegenheiten stecken in jedem Augenblick und in ganz vielen Ihrer Gedanken, sobald Sie sich wieder etwas dafür sensibilisiert haben.

Kleiner Exkurs, wie es nichts wird mit dem Freude-Lächeln-Lachen-Effekt: Ihrem armen Lebenspartner mit ihren/seinen besten Freunden/Kumpels ein Überraschungsfest ausrichten und aus vollen Hälsen »Überraschung« brüllen, wenn sie/er todmüde heimkehrt und das Licht andreht; mit den Blumenkadavern von der Tankstelle; mit Gutscheinen jeglicher Art (siehe oben); mit Geld statt mit Leidenschaft, Wachsamkeit und Findigkeit. Überraschen Sie lieber so, wie es an einem Bürohaus in München geschrieben steht (drinnen ist eine sehr kreative Werbeagentur): »Mit kühlem Kopf denken, mit heißem Herz handeln, lauwarm ist die Langeweile.«

»Glück ist eine positiv empfundene Abweichung von der Realitätsnorm. Zum Beispiel sechs Richtige im Lotto, gegen Barcelona im Halbfinale gewinnen oder dass Gisele Bündchen ein Engagement als meine Putzfrau annimmt.«

Michael Umlauf, 35, Markenberater, Rimsting

19 *Disziplin bei der Kindererziehung*

Da gibt es Mütter, die kaufen ihrem neunjährigen Sohn nach langem Auswahlprozedere an der Feinbackwarenauslage eine Quarktasche. Eben war noch Frühstück im Hotel, aber da mochte er nicht. Dafür möchte er jetzt eine Quarktasche, sonst fällt er um und geht keinen Meter weiter mit der Mami und deren neuem Freund und der Oma und dem Opa durch diese hinreißend wiederhergestellte ostdeutsche Altstadt. Also gut. Aber nach wenigen hundert weiteren Altstadtmetern ist die Quarktasche doch nicht so toll. Der Kleine bockt wieder, guckt so komisch, und in der Tat soll es lieber ein Nusshörnchen sein. Die Mutter kehrt mit dem Jungen ungebremst in der nächsten erreichbaren Feinbackwarenhandlung ein, um mit der rechten Hand ein Nusshörnchen zu be- und mit der linken Hand die angekaute Quarktasche zu entsorgen.

Selbst wenn die Mutter mit derlei unverständlich anmutenden Aktivitäten bloß ihre Schuldgefühle (alleinerziehend, selten da, Schlüsselkind und Was-weiß-der-Erziehungshimmel-noch) auf Kosten der ganzen Patchworkfamilie und schließlich besonders auf die des Kindes abarbeitet – es gibt nur Verlierer: Der Bub mutiert, wenn das so weiter geht, zum Soziopathen par excellence. Mit der Zeit werden erst seine Lehrer, dann die Ausbilder und Professoren, dann die Arbeitgeber, dann die Ehefrau und schließlich die eigenen Kinder quarktaschen- und nusshörnchenmäßig ganz schön was auszubaden haben. Die Mutter wird zur Marionette ihres Sohnes, ihr Neuer überlegt sich das alles noch mal gut, und Oma und Opa werden rechtzeitig vor dem nächsten Mehrgenerationenevent Arthrose im fortgeschrittenen Stadium ins Feld führen.

Es geht um so hülsenhafte Worte wie Erziehung, Konsequenz, Toleranz, Disziplin, Standhaftigkeit. Und darum, dass die meisten Mütter und Väter doch über die Maßen emotional wie rational intelligent, gelehrig und gelehrt, erprobt und erfahren sind. Sie stehen mit ganz vielen Beinen im Leben. Und auf einmal soll Panik regieren, wenn es um die Erziehung ihres Kindes geht? Genau! Alle Intelligenz, alle Lehre, alle Erfahrung ist dann perdu. Die Mütter und die Väter rudern hilflos in den Wogen des Lebens, klammern sich an das Treibgut ihrer Existenz, drohen schließlich unterzugehen. Weil sie zu erkennen glauben, dass sie keinen wirklichen Einfluss auf den Lauf der Dinge, auf ihr eigenes Leben und schon gar nicht auf das ihres Kindes nehmen können. Nun ist es doch nicht so leicht, alles besser zu machen als die eigenen Eltern. Die nächsten 18, 20 Jahre türmen sich auf wie ein Berg aus Belastung, Entbehrung, Freudlosigkeit. Nicht so wie bei all den anderen Eltern, denen der Umgang mit den Kindern anscheinend so leicht von der Hand geht wie das Sechsgängemenü dem *Zeit*-Kochpapst Wolfram Siebeck.

Sollten Sie sich doch eher als passionierter Koch denn als passionierter Erzieher sehen und, gänzlich unumkehrbar, etwas so Süßes, Nerviges, Krähendes, Jauchzendes wie ein Baby/Kleinkind/Kind (ganz zu schweigen von einem veritablen, gänzlich unsüßen Teenager) zu Hause haben, wird es vermutlich öfter ziemlich eng. Vielleicht gelangen Sie manchmal an Ihre Grenzen, sogar darüber hinaus. Dabei haben Sie in Ihrem bisherigen Leben immerhin gelernt, ein Ungetüm aus Chrom, Stahl, Glas und Gummi zu zähmen (das nennt man Autofahren). Sie haben vielleicht ein so unfassbar monströses Projekt wie den Bau Ihres Hauses gestemmt. Sie haben öfter mit zwei bis fünf Vierteln Wein und dem Gefühl im Kopf, lieber sterben zu wollen, am nächsten Morgen pünktlich den Weg ins Büro gefunden. Sie haben unter Umständen gelernt, mit Ihrer Schwiegermutter oder Ihrem Schwiegervater oder gleich mit beiden klarzukommen. (Das sind ebenfalls ziemlich lange Bindungen, wie die an ein Kind.) Und Sie haben gelernt, dass es im Leben Schatten braucht. Denn: Wenn es keinen Schatten gibt, scheint auch die Sonne nicht. Dazu kommt, in der logischen Fortfolge dieser Argumentationskette, die Information darüber, dass Kinder zu haben und Kinder zu erziehen der natürlichste und älteste Lebenszweck, der Lebensinhalt, das Lebensziel ist: 1. fortpflanzen, 2. großziehen, 3. gehen lassen. Der Kreislauf schlechthin, beim Menschen wie bei den Tieren. Milliardenfach erfolgreich erprobt, kann also doch so schwer nicht sein.

Ist es aber dann doch, wenn die stolzen Eltern ihr Kind so dauerknuddeln wie früher ihr Monchhichi, so behüten wie heute ihre Langspielplattensammlung, so beäugen wie bald ihren Alterszuckerspiegel. Zudem schreibt der Beobachtungsmeister Alex Rühle regelmäßig im Feuilleton der *Süddeutschen Zeitung*, im schönsten »Ton des ironisch-skeptischen Kopfschüttelns«, von solchen Sachen wie der programmierbaren Jacke mit Peilsender, die Alarm gibt, wenn das Kind mehr als 20 Meter vom Schulweg abweicht. Und von Grundschulelternabenden, die ablaufen wie parlamentarische Untersuchungsausschüsse. So weit sind wir, abgesehen von den gern zitierten übervollen Zweitklässler-Terminplanern, und die haben die Kids nicht nur in Berlin am Prenzlauer Berg und in München am Gärtnerplatz.

Liebe Eltern: Alles ist schon schwer genug; macht es euch nicht noch schwerer! Macht nicht jeden Unsinn und jeden modischen Schnickschnack mit, lasst los, aber lasst euch nicht auf der Nase herumtanzen. Da geht’s lang, mein liebes Kind – Marsch, los! Und: Einmal »Nein« reicht! Haltet euch einfach an den, der das sagt: Michael Winterhoff ist Kinder- und Jugendpsychiater und Psychotherapeut und hat die Kinder-sind-schnell-Tyrannen-Bücher geschrieben. Ein Kind wisse sehr wohl, was es tue, und sei deshalb auch empfänglich für die Konsequenzen, abseits vom ewigen achselzuckenden »Das hat es doch nicht extra gemacht«. Ins gleiche Horn stößt Bernhard Bueb (*Lob der Disziplin*), nach elf Jahren knackiger Leitung des berühmten Internats Schule Schloss Salem, das – auf die harte Tour – Persönlichkeiten wie Eberhard von Kuenheim (BMW), August Oetker den Jüngeren, den Schriftsteller Christian Kracht und Gabriele Inaara Begum Aga Khan hervorgebracht hat. Bueb nach der Internatszeit in *Spiegel online*: »Ich war ein Gläubiger der Idee, dass man Kindern das Höchstmaß an Selbstbestimmung zutrauen sollte – in einer möglichst demokratischen Umgebung ohne Hierarchie. Die Erfahrung hat mich eines Besseren belehrt, und ich musste mich mühsam von diesen Träumen befreien.« Diese Haltung gebar Konsequenz und mündete in eiserne Disziplin bei der Erziehung der Internatskinder. Winterhoff und Bueb sind prima Vorangeher, besonders weil Sie ihren Ansatz und ihre Haltung gar nicht teilen müssen. Sie können sich stattdessen auch an den ebenso prominenten Erziehungswissenschaftler und Familientherapeuten Wolfgang Bergmann halten. Mit Winterhoff und Bueb rechnet er dahingehend ab, dass »Gelobt sei, was hart macht« plumpe Krampfigkeit sei.

Wichtig ist hier also nicht, wie autoritär oder antiautoritär oder irgendwo dazwischen Sie Ihr Kind erziehen. (Da reden Ihnen sowieso schon zu viele Leute rein.) Wichtig ist vielmehr, dass Sie den einmal eingeschlagenen Weg konsequent und diszipliniert verfolgen – und auf einmal bekommen diese beiden Begriffe, und zwar abseits aller »Solange du deine Füße unter meinen Tisch stellst …«-Assoziationen, eine ganz neue

Bedeutung: In erster Linie soll nicht das Kind, sondern sollen Sie selbst geradlinig und standhaft sein, wenn Sie jeden Erziehungstag aufs Neue Entlastung verspüren und Freude empfinden möchten. Füllen Sie die beiden Worthülsen Konsequenz und Disziplin mit Leben. Damit das so wird, sollten Sie zunächst eindeutige Schwerpunkte bei Ihren Erziehungsinhalten und -methoden setzen. Tun Sie das nach dem Lesen der für Sie wichtigen Literatur, nach Gesprächen mit den Angehörigen älterer Elterngenerationen und den Schicksalsgenossen aus Ihrer eigenen, nach der eingehenden Beobachtung des Umgangs anderer Eltern mit ihren Kindern und vor allem, nach der Abwägung aller Umstände und Faktoren, aus dem Bauch heraus. Der Kopf hat beim Finden dieser klaren Linie eine nachrangige Bedeutung. Er kommt erst dann verstärkt ins Spiel, wenn die vielen Stunden der Wahrheit schlagen und es darum geht, Ihren Weg auch zu gehen, ihn zu verteidigen, sich nicht unterkriegen und vor allem nicht auf der Nase herumtanzen zu lassen.

Die Mehrzahl der Fachleute ist sich darin einig, dass es ausschlaggebend für Freude und Glück genauso wie für Stress und Scheitern ist, wie Sie Ihre eigene Linie, Ihre eigene Art und Weise und damit die eigenen Ziele konsequent verfolgen. Der Kopf zeigt dem Bauch, der die Ziele und Werte setzt, wie das geht mit Konsequenz und Disziplin. Das kann er dann besonders gut, wenn Sie Ihre leitenden Gedanken darüber aufschreiben, welche großen Ziele Sie mit Ihrem Kind haben, was Sie ihm vermitteln möchten, was Sie dafür bereit sind zu tun und auch ganz konkret anzupacken gedenken. Dann haben Sie das alles jederzeit schwarz auf weiß vor sich, und der Bauch funkt, wenn es mal nicht so rund läuft, nicht so leicht dazwischen: Die Hü-und-hott-Gefahr ist gebannt, bevor sie entsteht.

Sagen Sie sich folgende Worte: »Je konsequenter erzogen

mein Kind ist, desto weniger kraftzehrende Irrwege werden wir gemeinsam gehen und desto mehr Zeit bleibt für mich.« Ja, Sie dürfen zu dieser Überzeugung gelangen. Gesunder Egoismus bleibt auch in der Rolle als Mutter oder Vater erlaubt. Außerdem, und das ist beruhigend: Sie können auf der Angstseite nicht mehr machen als die Fehler ihrer Eltern – nur ganz andere.

Füreinander da sein

Sich für andere Zeit nehmen und für sie da sein – das ist einer der zentralsten Faktoren überhaupt, den die Forschung für mehr Glück im Leben formuliert. Dies zum einen, weil wir soziale, an anderen Menschen orientierte Wesen sind. Zum anderen, weil wir zusehends erkennen müssen, dass unser immer so stabiles Fundament mittlerweile wackelig geworden ist: Krisensichere Arbeitsplätze waren gestern, zur gesetzlichen Rente gilt es über Ergänzungen, vielleicht sogar Alternativen nachzudenken, und was aus dem Geld wird, wird man sehen. Daher gehen immer mehr Menschen einen guten Schritt zurück.

»Wir besinnen uns auf traditionelle Werte wie Pflicht, Fleiß, Ehrgeiz, Ordnung und Sicherheit«, weiß die Heidelberger Zukunftsforscherin Kerstin Ullrich, »und solidarisieren uns wieder stärker.« Wir gründen Kindergärten, richten auf eigene Faust eine 30-km/h-Zone im Wohnviertel ein, engagieren uns in Initiativen, Nachbarschaftshilfen und Ehrenämtern, weil wir durch die weitgreifenden Veränderungen in unserem Leben stärker nach Sinn und damit nach Gemeinsinn im Dasein suchen. All das begründet, weshalb das Füreinander so wesentlich ist fürs Glücklichsein. In der gegenseitigen Unterstützung und im Gemeinsam-Dinge-Bewegen stecken viel Zufriedenheit und Genugtuung. Entdecken Sie, wie Sie empfänglicher für die Bedürfnisse und die Angebote anderer Menschen werden und wo es Ansätze dafür gibt, das Miteinander wertvoller zu gestalten.

20 *Freundschaften pflegen*

Wenn Sie selbst die Initiative ergreifen und einfach den Menschen anrufen, für den Ihr Herz eine Oktave höher schlägt … Wenn dieser Mensch etwas Schönes vorschlägt und Sie spontan dabei sind … Wenn Sie dann ein richtig gutes Gespräch mit ihm haben … Wenn Sie nur eine einzige Postkarte aus dem Urlaub schreiben, und die ist für ihn … Wenn Sie etwas zu feiern haben und ihn als Allerersten einladen … Wenn er Sie braucht und Sie für ihn da sind … Dann wissen Sie, dass dieser Mensch Ihr Freund ist. Und Sie spüren, was Sie dafür tun sollten, damit er das bleibt. So einfach. So einfach?

»Ein Freund, ein guter Freund, das ist das Schönste, was es gibt auf der Welt …« So leicht gepfiffen, gesummt, gesungen. Und so schwer errungen. Da gibt es Menschen, die klagen, sie haben nur einen einzigen Freund. Andere prahlen damit, dass sie Hunderte Freunde haben, und sie meinen damit gar nicht mal nur die aus dem Internet. Wer hat's nun besser? Und wie hegt und pflegt man das Wertvollste, das der Mensch haben kann?

Erkenntnis ist der Anfang von allem: Fein raus ist, wer unterscheidet zwischen »Freund« und »Freundchen«. Der eine ist immer, wirklich immer da, auch zu nachtschlafender Zeit. Dann hat er beide Ohren auf Empfang gestellt, das Herz ist weit geöffnet, das Hirn in den freundschaftlich-kritisch-wertschätzenden Modus geschaltet. Er hört einfach nur zu. Er spendet Trost, erteilt auf Wunsch einen Ratschlag oder auch zwei. Er springt ins Auto oder sogar in den nächsten Flieger – »die paar tausend Kilometer« –, wenn's wirklich eng wird. Das Schönste: Er fragt nicht nach der Gegenleistung. Es ist wie 1995, auf dem Höhepunkt der Steueraffäre um Steffi Graf und ihren Vater. Da schaltet sie riesengroße Dankesanzeigen in der Tagespresse für die, die in der größten Krise bedenken- und bedingungslos zu ihr standen: »A Friend In Need Is A Friend Indeed!« Ein Freund in der Not ist ein wahrer Freund. Wer nicht lange fragt, sondern einfach tut und gibt und organisiert, der ist ein Freund. Und das vor allem in schlechten, mühseligen, traurigen, depressiven Zeiten. Man schätzt ihn um seiner selbst willen, ohne Kalkül oder Vorteilsstreben. Freundschaft beruht auf Zuneigung, Vertrauen und gegenseitiger Wertschätzung. Wo all das gegeben ist, gibt es die wenigen Menschen, die einem ganz besonders nahestehen. Das kann einer sein, es können drei sein oder auch fünf; mehr eher nicht. Ein gutes Indiz für wahre Freundschaft ist, wenn man endlich wieder mit dem zusammensitzt, den man ein halbes Jahr lang nicht gesprochen hat, und ausgerechnet mit ihm ist es, als ob das letzte Mal vor einer Woche war ... Wir kennen es alle, dieses unbeschreibliche Glücksgefühl. Dann werden Stunden zu Minuten, ruckzuck bläst der Kneipenwirt zur letzten Runde, dabei könnten das Herz, der Bauch, die Seele ewig sitzen bleiben.

Das Freundchen dagegen erkennt man daran, dass er in einer Notsituation schlaftrunken am Telefon ziemlich schnell zu seinem Punkt kommt: »Melde dich einfach, wenn du wieder ganz der Alte bist!« Dann legt er noch schneller auf und dreht sich auf die andere Seite. Er ist so ein Mitmischer, ein durchaus schätzenswerter Mitmensch, aber eben auch nicht mehr; oft geschäftlich motiviert und sogleich von dannen, wenn's mühselig zu werden droht. Wir Deutschsprachigen können uns glücklich preisen, dass dieser kleine große Unterschied sich sogar in verschiedene Begrifflichkeiten fassen lässt: Das Freundchen gehört zur großen Gruppe der Bekannten.

Wenn auch Sie so unterscheiden, hat das gleich zwei gute Effekte: Der Stress nimmt ab, zum Beispiel, dass die Party zu Ihrem runden Geburtstag groß sein muss, damit alle, wirklich alle Freunde (und damit auch die Freundchen) kommen können. Sie müssen gar nichts! Es gibt Menschen, die feiern mit exakt fünf Leuten, bis sich die Balken biegen und bis zum ersten Hahnenschrei. Oder sie lassen es gleich ganz bleiben und laden ihre echten Freunde lieber unterjährig ein. Wenn ihnen einfach danach ist. Das spürt man dann, und wenn Sie geladen sind, spüren Sie es auch. Der zweite Effekt beim feinsinnigen Unterscheiden: dass Sie guten Gewissens endlich aufhören können mit dem »Freundesammeln«, im Internet genauso wie in der realen Welt. Weil es einfach keine sind. Hören Sie am besten auch auf mit dem Twittern, bevor Sie damit angefangen haben.

Dann haben Sie mehr Muße für die echten Freunde: Initiative ergreifen, anrufen, spontan sein, Postkarte schreiben, da sein … Gar nicht so schwer. Unterm Strich ist beim Freundschaftenpflegen all das wichtig, was und wie Sie es selbst gern haben, wenn Sie so richtig freundschaftlich umgarnt, bezirzt, geherzt werden möchten. Dann gilt diese Devise: »Behandle deinen Freund so, wie du selbst von ihm behandelt werden möchtest.« Dabei dürfen Sie gern etwas Gas geben; also nicht so viel hinterfragen, mehr tun. (Ein echter Freund sagt es Ihnen, wenn es ihm zu viel wird. Aber er sagt es nicht so schnell, wenn

»Glück ist für mich,
dass man sich öfter im Leben
verlieben kann.«

Eve-Maria Biene, 90, Rentnerin, München

es ihm zu wenig ist.) Lassen Sie sich dabei bevorzugt von Ihren Gefühlen leiten, sie weisen dem Hirn den Weg. Geben Sie spontanen Freundschaftsantreibern nach. Dabei dürfen Sie gern so verrückt sein wie Udo Jürgens und »aus allen Zwängen flieh'n«. Und fragen Sie nicht danach, was wohl zurückkommt. Es kommt nämlich garantiert, und zwar zwei- und dreifach, und das ist dann Ihr wahrer Gewinn. Auf die Freundschaft!

21 *Aufrichtig sein*

Ein aufrichtiger Mensch, ein aufrichtiges Buch, eine aufrichtige Gesinnung ... Wer aufrichtig ist, ist ehrlich – oder mehr als das? Hinter dem Wort steckt wahrlich eine Haltung, nämlich aufrecht gehen und stehen genauso wie handeln. Das bedeutet, dass man sich bei allem, was man tut und was man lässt, besten Gewissens im Spiegel betrachten können sollte; dass man nicht schonungslos ehrlich ist, sondern wohlüberlegt. Nicht taktierend, nicht verletzend, nicht böse und auf den eigenen Vorteil bedacht, sondern ganz im Sinne dessen, dass man die Wahrheit sagt. Eine Wahrheit, die den anderen aber nicht vor den Kopf stößt, sondern ihm weiterhilft, die ihn aufrichtet und an der er reifen und sich weiterentwickeln kann. Dafür wird der Aufrichtige sehr geschätzt, weil er es nicht nur ehrlich, sondern auch gut mit einem meint und man seiner offenen Meinung vertraut.

Wenn Sie das nächste Mal Kritik äußern, prüfen Sie, ob und wie Sie das tun. Ob Sie dem Menschen gegenüber ein Mäntelchen hinhalten, in das er frohgemut schlüpfen kann, oder ihm Ihre Wahrheit wie ein nasses Handtuch um die Ohren hauen. Die Wahrheit lässt sich auf verschiedenen Wegen sagen, und wenn Sie wirklich für die anderen da sind und Ihrem Umfeld wirklich als wertschätzender, liebevoller Mensch beistehen, sollte auch Ihre Einstellung stimmen. Verzichten Sie dann auf das Handtuch wie auf den Holzhammer, um dem anderen und der Sache wirklich dienlich zu sein. (Zum Zaunpfahl können Sie gelegentlich greifen.)

Das zeichnet den Aufrichtigen aus – und auch, dass er »Stopp« sagt, wenn es ihm richtig gegen den Strich geht. Er kennt sich selbst sehr gut. Er bemerkt es sehr wohl, wenn er unsachlich geworden ist, und hat dann die Statur, sich das einzugestehen. Das sah Johann Wolfgang von Goethe an sich selbst: »Aufrichtig zu sein, kann ich versprechen, unparteiisch zu sein aber nicht.« Um in Auseinandersetzungen klarer zu sehen, versetzen Sie sich am besten in die Lage Ihres Gegenübers. Diese Fähigkeit heißt Einfühlungsvermögen, neudeutsch Empathie.

Im Mienenspiel wie in der Gestik kommt das Empfinden des anderen zum Ausdruck und zeigt, wie er denkt und empfindet. Mit etwas Hineinfühlen und Übung können Sie solche Signale entschlüsseln, weil eine Reihe von seelischen Kräften und Erfahrungen bei allen Menschen ähnlich ausgeprägt sind. Dann gelingt es Ihnen, empathisch auf den anderen zuzugehen; indem Sie seine Körpersprache auf sich wirken lassen und sich fragen, wie Sie selbst mit seiner momentanen Situation umgehen würden. Auf dieser Grundlage werden eine abgewogene Einschätzung der Situation und eine wahrhaftige Kommunikation möglich.

Um aufrichtig urteilen zu können, empfiehlt sich ein Perspektivenwechsel. Sie begutachten die Situation aus der Perspektive eines unparteiischen Dritten und erhalten zusätzliche Denkanstöße (mit nicht allzu viel Tunnelblick) dafür, wie sich die Situation und die Handlungsweise Ihres Gegenübers außerdem beurteilen lassen. Auch Sie haben unter Garantie in mancherlei Dingen einen verstellten Blick und sind – wie wir alle – durchaus fehlbar.

Bemerken Sie Ihre Defizite und Fehler, lassen Sie sie bitte nicht peinlich berührt unter den Tisch fallen. Seien Sie lieber auch hier aufrichtig und sehen Sie sie als Möglichkeit, an ihnen zu wachsen. Die positive Fehlerkultur ist in den USA gang und gäbe: »Es ist kein Zeichen von Schwäche, eine Ansicht zu revidieren. Stattdessen wird damit Lernfähigkeit signalisiert«, sagt etwa der Organisationspsychologe Roderick Kramer von der Harvard Kennedy School. Siegertypen, hat sein Kollege Martin Seligman außerdem herausgefunden, führen Niederlagen auf etwas zurück, das sich ändern lässt, so dass sie beim nächsten Mal mehr Erfolg haben; dagegen nehmen Verlierertypen die Schuld der Niederlage auf sich und schreiben sie ihren unzulänglichen Ausprägungen zu, an denen sie nun einmal nichts ändern können. Deshalb: Sehen Sie Fehler als Herausforderung und werden Sie reifer, weitsichtiger, aufrichtiger (mehr dazu in Kapitel »An sich arbeiten«, Seite 65).

22 *Sich öffnen*

Sicherlich haben auch Sie schon mal einen Wahnsinnstypen kennengelernt. Den treffen Sie, und alles ist nur super: der Job, die Beziehung, die Kinder, das Leben. Was geht dabei in Ihnen vor? Kann es etwa so sein: Das erste Mal, wenn Sie solch einem Zeitgenossen begegnen, denken Sie »Wie schön für ihn, wenn alles so rund läuft.« Das zweite Mal wundern Sie sich, und beim dritten Mal machen Sie innerlich dicht, schalten auf Durchzug und speichern den Kerl als oberflächlich ab. In Zukunft erkundigen Sie sich nicht mal mehr nach dem werten Befinden. Denn: Immer alles paletti, das gibt's nicht. Sie fühlen sich um die ehrliche Antwort betrogen, auf den Arm genommen. Der ist Teflon, nichts bleibt an ihm haften. Genauso wie Ihnen kann es anderen gehen, wenn Sie selbst mit Ihren wahren Gefühlen hinterm Berg halten. Es läuft nun mal nicht immer alles am Schnürchen – es gibt Probleme in der Arbeit mit den Projekten, mit Kollegen, mit dem Chef. Es kommen Momente, in denen Sie um Ihren Job bangen, eine Krise in Ihrer Beziehung meistern müssen, die Kinder Sie mit Megahusten, schlechten Noten oder rotzigem Verhalten oder allem zusammen an den Rand des Nervenzusammenbruchs bringen.

Fassen Sie Mut und öffnen Sie sich emotional. Sprechen Sie über Ihre Ängste, Ihre Bedenken, Ihre Nöte – über die Schattenseiten des Lebens. So schaffen Sie wirkliche Nähe, signalisieren dem anderen: Ich vertraue dir, du bist mir wichtig, deswegen sage ich dir auch, was mich bewegt. Dadurch fühlen Sie sich stärker verbunden und werden durch dieses Gespräch und die Hilfe wahrer Freunde gestützt und aufgefangen. Sie sind nicht mehr allein, verteilen die Last auf mehreren Schulterpaaren –

das entlastet. Außerdem bekommen Sie neue Impulse dafür, wie Sie auf anderen Wegen eine Lösung finden können. Öffnen Sie sich auch auf die Gefahr hin, angegriffen zu werden. Genau aus diesem Grund tut es unser Mister Sunshine nicht. Dabei wirbt Offenheit um einen Vertrauensvorschuss, der verschwindend selten missbraucht wird. Auch in der Beziehung und unter guten Freunden fällt es nicht immer leicht, sich zu öffnen. Wie die Auster: Außen die raue Schale, innen das weiche, verletzliche Fleisch und vielleicht sogar die in allen Regenbogenfarben schillernde Perle. Die ganze Pracht entfaltet sich erst, wenn die Auster aufmacht. Dieses Bild kann Ihnen helfen, Ihr Inneres genauso begehrlich zu zeigen. Seien Sie versichert: Je öfter Sie sich trauen, desto häufiger werden Sie feststellen, dass es gar nicht schlimm ist, schon gar nicht wehtut; dass Sie vielmehr gewinnen – Verbundenheit, wahre Freunde und echte Freude.

Tun Sie nicht nur Seelennöte kund, sondern auch Ihr Missfallen gegenüber anderen. Das, wenn es Ihnen wirklich wichtig ist. Dafür müssen Sie die kuschelige Komfortzone verlassen. Das ist unangenehm, baut aber größeren Streits und der Gefahr vor, sich emotional in einen Kokon der Gleichgültigkeit einzuspinnen. Gehen Sie in die wertschätzende Konfrontation, und suchen Sie nach Argumenten und Beispielen, die dem anderen deutlich machen, worum es Ihnen geht (mehr zu diesem Thema siehe »Konstruktiv streiten«, Seite 74). Das verhilft Ihnen zu einer tieferen und innigeren Verbindung, die von mehr Verstehen und Respekt geprägt ist. Thematisieren Sie nicht nur Ärgernisse im Nachhinein, sondern auch vorsorglich solche Dinge, die Ihnen wichtig sind – Gedanken, Wünsche und Bedürfnisse. Das vermeidet, dass es erst schlimm werden muss, damit es besser werden kann. »Es gibt nichts Schöneres im Leben als die Freundschaft: Du hast jemanden, dem du dein Innerstes öffnen, dem

»Glück ist für mich, Bett und Schrank
mit dem gleichen Menschen zu teilen,
mit jemandem, der meine Stärken
und meine Verletzlichkeit kennt
und keinen Vorteil daraus zieht.
Für mich ist Glück meine
Lebens- und Geschäftspartnerin Claire.«

Ian Rubinstein, 42, Galerist, New York

du deine Geheimnisse mitteilen und das Verborgene deines Herzens zeigen kannst«, schreibt in der Spätantike der römische Politiker und spätere Bischof Ambrosius von Mailand. Wenn der es schon wusste, können Sie das auch wissen. Und tun.

23 *Mentor finden, Mentor sein*

Athene, die Göttin der Weisheit, nähert sich in Gestalt des Königs Mentor dem Sohn des Odysseus, Telemachos. Dieser hat große Schwierigkeiten, Haus und Hof des auf Irrfahrten verschollenen Vaters gegen die Freier zu verteidigen, die um seine Mutter Penelope werben. König Mentor ist ein Freund des Odysseus, daher schüttet Telemachos ihm sein Herz aus. So kann ihm Athene weise Ratschläge geben. Mit der Hilfe dieses göttlichen Beistands findet Telemachos seinen Vater, und es gelingt der Befreiungsschlag gegen die Schmarotzer, die sich im Haus des Odysseus einquartiert haben. Folglich leitet sich aus der griechischen Mythologie und dem Tun der Athene als König Mentor die Bezeichnung für den väterlichen Ratgeber ab.

Mentoring bezeichnet die Unterstützung durch eine erfahrene Person (der Mentorin beziehungsweise des Mentors), die ihr Wissen und ihre Fähigkeiten an eine unerfahrenere Person (den oder die Mentee) weitergibt. Dies mit dem Ziel, sie in ihrer persönlichen und beruflichen Entwicklung zu fördern. Bekannte Mentoren und ihre Mentees sind König Mentor und Telemachos, Aristoteles und Alexander der Große, Johann Wolfgang von Goethe und Friedrich Schiller, Helmut Kohl und Angela Merkel.

Im Gegensatz zum Coaching hat das Mentoring oftmals weniger einen theoretischen Hintergrund und dafür mehr an praktischer Erfahrung. Der Mentor gibt sein Wissen in der Regel kostenlos an jemanden weiter, indem er besondere Befähigungen erkennt und der ihm deshalb am Herzen liegt, und lässt ihn in den Genuss seines Erfahrungsschatzes und seines Netzwerks kommen. Mentoring kann sich durchaus über einen längeren Zeitraum erstrecken, vom Anbeginn eines geistigen Reifungsprozesses bis zum Tod des Mentors oder vom Eintritt ins Berufsleben bis hin zur ersten Führungsposition. Auch kann es eine spontane und/oder vorübergehende Unterstützung sein. Das gilt für Hilfe bei einem besonders verzwickten Projekt, Beistand im Bewerbungsprozess und das kritische Auge beim Aufbau einer neuen Unternehmung. Als Mentor können Sie Ihre Hilfe den Söhnen und Töchtern Bekannter oder Verwandter anbieten. Oder Sie engagieren sich in einem kommunalen Projekt: Die Berliner Diakonie Stadtmitte betreibt die Initiative »Vergiss mich nicht«, für die sie Mentoren braucht, die Kinder und Jugendliche alkohol- oder drogenabhängiger Eltern auf dem rechten Weg unterstützen. Außerdem gibt es unterschiedlichste Berufsnetzwerke, etwa den Senior-Experten-Service in Bonn oder den Girls' Day, an dem jungen Mädchen altes Wissen weitergegeben wird. Viele Möglichkeiten für Mentoring gibt es sicher auch in Ihrer Stadt.

Werden Sie als Mentor tätig, verabreden Sie sich zu regelmäßigen Gesprächen. Das unterstreicht die Seriosität Ihrer Ratschläge. Daneben kann sich auch ergeben, dass sich eine informelle Mentoring-Beziehung aus dem spontanen Gesprächsverlauf ergibt; zum Beispiel wenn sich Ihr zukünftiger Mentee Ihnen mit Problemen in der Schule oder zu Hause anvertraut. Wenn Sie anderen beistehen, hängen Sie das nicht an die große Glocke, sondern bleiben lieber diskret. Auch das zeichnet einen erfahrenen Mentor aus. Niemand möchte als Ihr Nachhilfeschüler dastehen, aber viele möchten bestimmt Ihren geschätzten Rat.

Lieber andersherum – Sie hätten gern einen vertrauensvollen Menschen an Ihrer Seite? Finden Sie Ihren Mentor, indem Sie sich zuerst genau überlegen, wen aus Ihrem Netzwerk Sie in Ihrem konkreten Fall ansprechen können. Fragen Sie sich, was Sie brauchen, wo Sie die konkrete Not ausmachen, wer Ihnen ein wertvoller Begleiter sein kann. Viele Menschen trauen sich nicht, darum zu bitten. Sie sollten es tun. Schließlich, meint Networking-Experte Hermann Scherer, empfinden diejenigen, die man um Unterstützung bittet, das als Lob und teilen ihr Wissen gern. Besonders freut es sie, wenn sie über die Entwicklungen auf dem Laufenden gehalten werden und zur rechten Zeit Dank erfahren. Gehen Sie also auf andere zu, allerdings mit strategischen Vorüberlegungen. Stellen Sie sich folgende Fragen:

- Was bewegt mich?
- Wer könnte mein Problem mit mir lösen?
- Was habe ich zu bieten?

- Wie kann ich das meinem Wunschmentor schmackhaft machen?
- Wie können wir vorgehen?

Der Mentor ist jemand, der uns auf unserem Weg stützt und anleitet. Mentoreigenschaften kann auch ein ganz persönlicher Traum, ein wichtiges Buch oder ein inspirierendes Bild haben. So ist Inspiration ein wesentlicher Teil des Mentoring. Der Mentor stößt auch auf Basis dieser Fähigkeit Türen auf, hindurchgehen müssen Sie jedoch selbst.

24 *Gastfreundlich sein*

Ein unbekannter Autor berichtet von einem französischen Rabbi in Frankreich, der angeordnet habe, dass sein Sarg aus den Brettern des Tisches angefertigt werden solle, an dem er seinen Freunden Gastfreundschaft erwiesen und mit ihnen gespeist hatte. Was erst der Tisch und dann der Sarg berichten könnten? Von launigen Abenden, heiteren Begebenheiten, polternden Diskussionen …

Wie schön es ist, Gäste zu bewirten, merkt man erst, wenn keine kommen. Also: Wie schön wäre es tatsächlich … Aber es kommen keine oder sie kommen viel zu selten? Hier erhalten Sie eine persönliche Ermutigungseinladung, das zu ändern. Das nicht nur, weil wir im Zeitalter des »Cocooning« leben, wie Sozioproblematisierer schwerfällig umschreiben, was gerade mit uns passiert und so einfach ist wie wundervoll: Wir wollen nicht mehr so gern vor die Tür, daheim ist es am Schönsten. Und am Allerschönsten ist es mit lieben Menschen, die die Couch platt sitzen, den Wein wegtrinken und den Kühlschrank leer essen. Von solchen Leuten gibt es da draußen unendlich viele. Also – einer muss den Anfang machen: Laden Sie die Leute ein, die am Ende des gemeinsamen Tages nicht nur viel mitnehmen, sondern auch viel dalassen: ein herzliches Mitbringsel, ihre schönsten Geschichten, Lachen und lautes Durcheinandergequatsche – einfach die allerbeste Stimmung, von der Sie noch Tage später zehren.

Die erquicklichsten Frühstücke, Kaffeeklatsche und Abende sind die, die sich spontan ergeben: Ein paar Freunde sind gerade in der Stadt und kommen ohne große Vorausplanung einfach vorbei, ein paar rufen Sie noch an, Sie stellen ein paar Stühle dazu, räumen den Kühlschrank aus und stiften den gewichtelten Wein von der Firmenfeier. Ihr Haus ist ein offenes Haus, es gibt was für alle, und was nicht da ist, kann auch nicht gegessen werden.

Ursprünglich wurde die Gastfreundschaft durch die Religionen geprägt. Das Christentum kennt sie als eines der sieben Werke der Barmherzigkeit (Fremde beherbergen), und besonders in der orthodoxen Kirche wurde die Philoxenia (griech.: Gastfreundschaft) zu einem eigenen Thema in Kunst und Liturgie. Eine ebenso zentrale Bedeutung hat sie im Judentum und im Islam. Bereits in den altarabischen Kulturen vor Mohammed hatte der Hausherr die Pflicht, Reisende als »Söhne des Weges« bei sich aufzunehmen und ihnen etwas von seinem Besitz abzugeben. Manchmal folgt Gastfreundschaft festen Regeln, wie bei den nomadischen Völkern in Vorderasien: Sie gewähren Gästen exakt drei Tage und vier Stunden in ihrer Mitte, während derer sie zum Stamm gehören. In vielen Gesellschaften ist der Gastgeber sogar bis heute nicht nur dem leiblichen Wohl des Gastes verpflichtet, sondern auch seiner Sicherheit. Sollte dieser angegriffen oder verletzt werden, so gilt es, ihn zu verteidigen und gegebenenfalls zu rächen. Da ist der Gast wahrlich König!

Heute hat sich das mit dem König-Sein vielerorts etwas abgeschliffen, was man auch daran merkt, dass mancher Wirt sein *Gast*haus (wo der Gast eben König ist) lieber *Wirts*haus (wer ist da wohl König?) nennt und es draußen nur Kännchen gibt. Aber davon sollten Sie sich als alter oder neuer passionierter Willkommenheißer nicht ins Bockshorn jagen lassen. Sie wissen bestimmt, wie es richtig geht; mit weniger Aufwand für mehr Laune. Tischen Sie ein einfaches Essen auf, zum Beispiel: Pellkartoffeln mit Quark oder Spaghetti mit frisch geriebenem Parmesan – mehr braucht kein Mensch, und die einfache Bewirtung wird lange im Trend bleiben. Ebenso wenig wie man sich stundenlang mit der Vorbereitung eines sechsgängigen Menüs abzumühen hat, muss man die Gastgeberrolle notwendigerweise bis zum Morgengrauen und zunehmend ermattet einnehmen. Bauen Sie dem mit einer simplen Maßnahme vor: In New York lädt man ein, indem man auf die Einladung nicht nur den Beginn der Sause, sondern vor allem deren Ende vermerkt. Und in Deutschland macht das inzwischen Schule: Anfangs schauten die Leute etwas ungläubig drein, als um halb zwölf die letzte Runde angekündigt wurde. Um halb eins schauten sie noch ungläubiger und auch etwas verwirrt, als sie behutsam, aber bestimmt und mit guten Wünschen für den Heimweg ins Treppenhaus komplimentiert wurden. Mittlerweile sind die derart positionierten Gastgeber der »Talk of the Town«, weil man vom nachfolgenden Sonntag auch noch etwas hat. Frei nach Coco Chanel, die so recht hatte mit der Meinung, dass alles, was nach Mitternacht gesprochen wird, bloß noch Gewäsch ist.

»Ich lade gern mir Gäste ein …« Machen Sie es wie Prinz Orlofsky in der *Fledermaus* – und tun Sie es auf Ihre Art und Weise. So, dass Sie ganz viel davon haben, mitschwatzen und mitfeiern können. Man sollte Sie gern etwas umgarnen für den schönen Anlass, und dann verspüren Sie die große Freude, unter guten Freunden zu sein. Kaum etwas ist anregender und inspirierender als das gemeinsame Essen. Das Schönste: Was Sie geben, bekommen Sie mehrfach zurück: Mit dem schönsten Tuschefüller geschriebene Wie-schön-es-war-Kärtchen sind übermorgen im Briefkasten, Dankesgeflöte ist auf Ihrem Anrufbeantworter – und es wird nicht lange dauern, da sind Sie geladen und gebeten an die Tische liebenswerter Menschen, die Sie eben noch bei sich zu Gast hatten.

Für die Topmodernen, Verwegenen, Furchtlosen unter Ihnen: Loggen Sie sich ein bei www.couchsurfing.org und bieten Sie Ihre Couch mühselig Reisenden und globetrottend Beladenen an. Da finden Sie knapp zwei Millionen potenzielle Gäste für Ihr bescheidenes Heim, die unter dem Stichwort »Mission« so schöne Sachen sagen wie: »To connect the world with open-mindness.« Stellen Sie sich vor, die machen alle solche Sachen erst an Ihrem Küchentisch wahr, bei Spaghetti und einem ordentlichen Landwein, und im Austausch sind Sie eingeladen bei denen – das ist wahre Gastfreundschaft 2.0!

»Glück ist für mich, Zeit zu haben, um ein gutes Essen im Kreise meiner Lieben zu genießen.«

Renate Schneider, 58, Lehrerin und Mutter, München

25 *Den Zehnten spenden*

Im Herbst 1968 geschah in einem kleinen Dorf in Hessen etwas Außergewöhnliches, als man über die Weltkirchenkonferenz in Uppsala diskutierte. Hauptthema war der Hunger in der so genannten Dritten Welt. Ein Geschäftsmann fühlte sich von den Berichten auf dem Gemeindeabend tief getroffen: »Die redeten und redeten, aber niemand tat etwas. In diesem Augenblick fasste ich den Entschluss, die Leute dazu zu bringen, etwas zu tun. Ich wollte diesem erbärmlichen Gerede eine Tat entgegensetzen«, sagte er Jahre später. Er dachte darüber nach, was er bewegen könnte, und ein Bibelvers brachte ihn auf die zündende Idee: »Bringt den Zehnten in voller Höhe in mein Kornhaus, auf dass in meinem Hause Speise sei, und prüft mich hiermit, spricht der Herr Zebaoth, ob ich dann nicht des Himmels Fenster auftun werde und Segen herabschütte in Fülle.« (Maleachi 3,10) Die Idee war, jedes Jahr zehn Prozent seines Jahresgehalts zu spenden. Allerdings unter der Bedingung, dass ihm zehn Gleichgesinnte folgen.

Anfangs wurde die Aktion belächelt. Man glaubte nicht so recht an den Erfolg der Idee. Ein knappes Jahr später verstummten die Kritiker: Nicht zehn, sondern 75 Menschen hatten sich »Mister Zehn-Prozent« angeschlossen. Kleine Beträge waren so willkommen wie große, zehn Prozent sind zehn Prozent, beim Schulkind wie beim Millionär. Nach knapp sechs Monaten waren aus den ursprünglichen 10 000 Mark des Gründers 100 000 Mark geworden, und von dem Geld konnten drei Brot-für-die-Welt-Projekte der evangelischen Kirche finanziert werden. Seither findet jedes Jahr eine »Zehn-Prozent-Aktion« statt, und es beteiligen sich jeweils mehr als 400 Menschen daran.

Falls Sie sich auch fragen, wie weniger geredet und mehr getan werden kann, gibt es zwei Möglichkeiten: Die erste ist, dass Sie sich engagieren und zum Beispiel zehn Prozent Ihrer Arbeitszeit spenden. Das sind durchschnittlich nicht mehr als etwa vier Stunden die Woche. Dafür gibt es unendlich viele Möglichkeiten, in Ihrer Nachbarschaft genauso wie in Uganda, vom Vollzugshelfer im Gefängnis bis zum Brunnenbohrer (siehe Kapitel »Ehrenamt«, Seite 114). Allerdings sieht der Lebensentwurf der meisten Menschen nicht so radikal aus, dass sie sich derart überzeugt und aktiv in den Dienst der guten Sachen stellen oder gar ihren Jahresurlaub dafür einsetzen. Vielleicht gehören Sie eher zu denen, die lieber etwas abgeben vom immer noch großen Wohlstand, in dem wir leben; die teilen wollen. Dafür gibt es zweitens die Möglichkeit, einmalig oder sogar regelmäßig etwas zu spenden. Zehn Prozent sind eine schöne Metapher dafür, auch wenn Sie lieber fünf Prozent oder einmal fünf Euro geben. Auf der Website www.zehn-prozent-aktion.de schreibt eine Mitmacherin von ihrer Haltung gegenüber dem Spenden: »Wie viel sind zehn Prozent? Zu viel oder zu wenig? Ich rechne umgekehrt: Da bleiben mir ja noch 90 Prozent – das müsste doch zu schaffen sein, davon zu leben! Und zu wissen, wie vielen Menschen ich mit den zehn Prozent zu einem besseren, menschenwürdigeren Leben verhelfen kann. [...] Da sind zehn Prozent dann ganz viel.«

Ihre Meinung ist vielleicht eine ganz andere, aber nicht weniger schön. Es ist gar nicht notwendig, dass Sie jedes Jahr den Zehnten Ihres verdienten Geldes spenden. Aber es tut gut, Ihnen wie den Begünstigten, wenn Sie es tun. Fragen, die Sie sich in diesem Zusammenhang stellen können: Bin ich mitverantwortlich für die verheerenden Zustände in den ärmsten Ländern und auch an vielen sozialen Brennpunkten bei uns? Liegt es in meiner Macht, daran etwas zu ändern? Mister Zehn-Prozent hat die Fragen auf seine Weise beantwortet. Wie antworten Sie? In jedem Fall werden Sie beim Spenden erfahren, was es heißt zu teilen: Teilen erfrischt den Geist, erweitert den Horizont, sorgt für Gesprächsstoff, schließt neue Freundschaften, gibt Sinn. Teilen entspricht dem neuen Denken in einer Gesellschaft, die im Begriff ist zu begreifen, dass sie sonst an ihre Grenzen stößt.

Wenn Sie sich dazu entschlossen haben, etwas von Ihrem Geld für einen guten Zweck zu spenden, geht die Sorge erst los: Wem? Konsultieren Sie vor der Überweisung eine seriöse Website, zum Beispiel die des Deutschen Zentralinstituts für soziale Fragen (www.dzi.de). Da stecken Ministerien und anerkannte Organisationen dahinter, und Sie können ziemlich sicher sein, den richtigen Empfänger für Ihren Zehnten – oder wie viel auch immer – zu bedenken. (Schließlich geht es im Sinne Ihres guten Gefühls nicht nur um redliche Organisationen, sondern auch um die Hilfsprojekte, für die Ihr Herz schlägt.) Ob Sie lieber hierzulande oder in der Ferne helfen sollen? Sie könnten das für unerheblich halten – wichtig ist, *dass* Sie es tun. Not gibt es nämlich überall; wenn Sie genau hinsehen, auch hinter den schönen Fassaden Ihrer Stadt.

Für alle Fälle hier noch die Bankverbindung der Zehn-Prozent-Aktion: Konto 4 044 444 bei der Ev. Kreditgenossenschaft Kassel (BLZ 520 604 10).

26 *Ehrenamt*

»Ohne die vielen Frauen und Männer, die in Deutschland ein Ehrenamt ausüben, wäre unser Land um vieles ärmer und ein Gemeinwesen so nicht denkbar.« Altkanzler Helmut Kohl hat einige gute Sätze gesagt, und dieser hier bringt 1998 auf den Punkt, weshalb es Sinn macht, über den eigenen Horizont hinauszuwachsen. Dabei hat er eines nicht erwähnt: Was bringt es dem selbstlos Tätigen? Ganz einfach, ohne sein Amt wäre auch er um vieles ärmer. Wohin es führen kann, zeigt das Beispiel des heiligen Martin. Jedes Jahr feiern Menschen auf der ganzen Welt am 11. November seine Taten. Martin teilte seinen Mantel mit einem Bettler und rettete ihm damit das Leben. So weit, so bekannt. Wollte er sich dadurch einen Platz im Himmel sichern? Dafür war er viel zu bescheiden und selbstlos, wie der Fortgang seiner Geschichte zeigt: Nachdem Martin seine Militärkarriere an den Nagel gehängt hatte, widmete er sich ganz der Wohlfahrt. Als das Volk ihn nun ob seiner guten Werke zum Bischof machen wollte, so die Legende, floh er aus Furcht vor der Herausforderung in einen Gänsestall, um sich zu verstecken. Doch die aufgeschreckten Tiere schnatterten derart wild drauflos, dass er nicht lange unentdeckt blieb und schließlich zum dritten Bischof von Tours gekrönt wurde. (Den Gänsen wurde es nicht gedankt, und deshalb gibt es bis heute am Martinstag Gänsebraten.)

Was bringt nun Ihnen eine ehrenamtliche Tätigkeit? Angst vor dem Bischofsposten brauchen Sie schon mal nicht zu haben. Vielmehr gibt es unterschiedliche Beweggründe, denen eines gemein ist – die Aussicht auf tiefe innere Befriedigung. Die Ehrenamt-Expertin Meike Peglow unterscheidet vier Motivationen:

1. Sie fühlen sich Werten wie Nächstenliebe, Pflichterfüllung und Gemeinsinn verbunden.
2. Sie wollen Ihre Karriere befördern.
3. Sie wollen Ihrem Leben eine Wendung und mehr Sinn geben.
4. Sie wollen mit Betätigungen, die im Beruf zu kurz kommen, eigene Wünsche befriedigen, sich verwirklichen und entfalten.

1808 wurde das Ehrenamt zum ersten Mal in den preußischen Stein-Hardenbergschen Reformen festgeschrieben. Damals noch unter politischen Gesichtspunkten, hoffte man das erstarkende Bürgertum durch größeres Mitspracherecht im Zaum zu halten. Ehrenamtlich tätig sein war fortan ein Privileg und nur steuerzahlenden und grundbesitzenden Männern vorbehalten. 110 Jahre später durften dann auch Frauen ein Ehrenamt ausüben. Das kam zur rechten Zeit, denn die mit der Industrialisierung einhergehende Zunahme der Armut führte immer mehr dazu, dass soziale Netze wie die Kirche und der Staat nicht mehr alle Schwachen und Hilfsbedürftigen auffangen konnten.

»Glück ist für mich zum Beispiel ehrenamtliches Engagement. Der Einsatz ist hoch und kostet Kraft, aber es kommt sehr viel zurück – nicht materiell, sondern emotional: Freundschaft und schöne Kontakte und das gute Gefühl, etwas für die Gesellschaft zu tun, Ressourcen zu teilen und am Leben teilzunehmen.«

Bettina Plattner-Gerber, 45, Hotelière und Unternehmerin, Pontresina/St. Moritz

Heute sind in Deutschland 23 Millionen Menschen über 14 Jahre ehrenamtlich aktiv. Dabei ist es ein Irrglaube, dass sich besonders Menschen mit mehr Zeit, zum Beispiel Erwerbslose oder Jugendliche, nützlich machen. Ganz im Gegenteil, vor allem sind es mitten im Beruf stehende und eher ältere Menschen. Das kann durchaus auch damit zusammenhängen, dass Motivation Nummer zwei im Spiel ist: Gemeinhin fördert das Ehrenamt das Ansehen und damit schnell auch das berufliche Fortkommen. Schön, dass das so ist; dann ist jedem gedient.

Fühlen Sie sich angesprochen? Haben Sie einiges erreicht, leben Sie in einer schönen Wohnung oder in einem Häuschen mit Balkon oder Garten? Haben Sie Familie, einen Arbeitsplatz und am Ende des Monats sogar Geld übrig und auch deshalb während des Monats etwas Zeit? Dann könnte das etwas für Sie sein: Helfen Sie anderen, die es nicht so fein wie Sie getroffen hat, und erfahren Sie geistigen Mehrwert. So gehören Sie nicht zu denen, die bloß über soziale Ungerechtigkeit jammern und darüber, dass heute jeder auf seinen Vorteil bedacht ist. Unterm Strich kostet Sie das nicht viel: Wenn Sie ein Mann sind, durchschnittlich fünf Stunden die Woche, als Frau dreieinhalb Stunden. Überschaubar, oder? Und wenn Sie bedenken, wie viel Zeit Sie damit verbringen, Geld zu verdienen, es auszugeben und erneut zu verdienen, ist das erst recht nicht viel. Schon gar nicht verglichen mit der Freude, die Sie bereiten, und dem extremen Return on Emotion (ROE).

In jeder Stadt gibt es Einrichtungen, die Sie bei der Wahl des richtigen Ehrenamts beraten, außerdem finden sich etliche gute Portale im Internet. Hier eine Liste mit Möglichkeiten (sie berücksichtigt einmal nicht den kleinen Unterschied zwischen »Ehrenamt« und »Freiwilligenarbeit«): geistig Behinderte auf Ausflügen begleiten, Schöffe bei Gericht, bei der Obdachlosenzeitung mitschreiben, sich in der freiwilligen Feuerwehr engagieren, Telefonseelsorge, Vollzugshelfer im Gefängnis, mithelfen bei der »Tafel«, grüne Dame oder grüner Herr im Krankenhaus, gerichtlich bestellter Betreuer, den Stadtbach entmüllen, Klinik-Clown für schwerkranke Kinder, Betriebsrat, die F-Jugend im Fußball trainieren, Kindern vorlesen, Migranten Deutsch beibringen …

Ein schönes Sprichwort als fünfte Motivation: »Wer Kopf hat, hat ein Ehrenamt.« Dann los!

Innerer Reichtum

Kennen Sie das Märchen »Der selbstsüchtige Riese«? Da war einmal der reiche Riese, der in einer Villa, umgeben von einem wunderschönen, großen Garten wohnte: »Hier standen prächtige Blumen sternengleich auf der Wiese, außerdem zwölf Pfirsichbäume, die im Frühjahr zarte Blüten in Rosa und Perlweiß trugen und im Herbst reiche Früchte. Die Vögel saßen in den Bäumen und sangen so lieblich, dass die Kinder im Spiel innehielten, um ihnen zuzuhören. ›Wie glücklich sind wir doch hier‹, riefen sie einander zu«, schreibt Oscar Wilde in diesem Märchen. Als der Riese auf Bekanntenbesuch war, gingen die Kinder der Umgebung in seinem Garten spielen. Das erzürnte ihn bei seiner Rückkunft so sehr, dass er eine hohe Mauer um sein Grundstück errichten ließ mit dem Warnschild: »Unbefugten ist der Zutritt bei Strafe verboten!« Die ausgesperrten Kinder mussten daraufhin auf der steinigen und staubigen Straße spielen. Und wie aus Rache für dieses herzlose Verhalten blieben im Garten des Riesen von diesem Tag an die Jahreszeiten aus. Von nun an herrschten dort eisige Verhältnisse – Hagel, Frost und Schnee. Das machte den Riesen trübsinnig, bis der Gesang eines Hänflings die Kinder durch ein Loch in der Mauer in den Garten lockte. Erst war der Riese wütend, doch die Tränen eines kleinen Jungen erweichten sein Herz und er erkannte, wie selbstsüchtig er doch war. Daraufhin riss er den Zaun nieder und lud die Kinder ein, jeden Tag zu ihm zum Spielen zu kommen.

Eine nachdenkliche Geschichte, die zeigt, dass wahrer Reichtum mehr als Geld und Prestige bedeutet, nämlich Herzenswärme, Dankbarkeit, Sinn und Nächstenliebe. Dieser Reichtum ist wahrer Reichtum. Es geht darum, das Wesentliche zu erkennen. Die Zeit ist reif dafür, Status mit neuen wahrhaftigen Inhalten zu füllen.

27 *Statusdenken neu definieren*

Status bedeutet in erster Linie ein dickes Bankkonto und gesellschaftliches Ansehen. Der Grund: Wir leben in einer der führenden Industrienationen. Sich etwas leisten zu können, ist angesehen, ergo attraktiv, und so wird Status gern demonstriert: durch ein großes Auto oder gar zwei in der Garage, den edlen Chronographen am Handgelenk, Markenkleidung, ein Haus mit Garten, Golf- und Reitstunden, ein Ferienappartement am Meer und das neueste Handy und sonstigen elektronischen Schnickschnack. Insignien des Wohlstands – sie zeigen, wie gut es einem geht und was man sich alles leisten kann; sie täuschen oftmals darüber hinweg, wie einsam ihr Träger ist. Denn Statussymbole sind vielfach leere, oberflächliche Trophäen. Sie verleiten denjenigen, der sich auf sie einlässt, mitzumachen bei einem widersinnigen Wettrennen: Wer heute das neueste Coupé hat, kann in wenigen Jahren nicht auf das Nachfolgemodell verzichten. Schließlich würde das bedeuten, den Anschluss zu verlieren – und damit das Gefühl, ganz vorn im inneren Zirkel der Schönen und Reichen mitzumischen. Noch kürzer ist die Halbwertszeit von Klamotten, Handys und Urlaub, sie wollen alle halbe Jahre aufgefrischt sein. Ist denn solches Streben wirklich lohnenswert, oder ist derart interpretierter Status schlicht falsch verstanden?

Der aus dem Lateinischen herrührende Begriff »Status« bedeutet Zustand, nicht mehr und nicht weniger. Und wie der ausgelegt wird, ist vor allem abhängig von der Gesellschaft, in der wir leben, den Menschen, die uns umgeben und mit denen wir uns bewusst oder unbewusst messen. Folglich gibt es auch im Sport und bei Fluglinien Statuskategorien. Beim Judo und im Taekwondo sind es die verschiedenen Gürtel und Dans, bei der Lufthansa heißen sie Frequent Flyer, Senator und – für die absoluten Highflyer – HON. Der Status sagt viel aus über die Qualitäten des Kämpfers wie des Vielfliegers. Im Wettstreit der Nationen ist das Bruttoinlandsprodukt (BIP) der Indikator, der klassische westliche Leistungsindex eines Staates, der zusehends nicht mehr als zeitgemäß erscheint und durch einen »neuen Gradmesser für Wohlstand« abgelöst werden soll. Vorreiter ist hier der französische Staatspräsident Nicolas Sarkozy: Ende 2009 begann er nach dem Vorbild des winzigen Himalaya-Staates Bhutan gemeinsam mit Visionären, Wissenschaftlern und Ökonomen an einem neuen Index zu arbeiten, der erstmals Auskunft darüber gibt, welche Annehmlichkeiten den Staatsbürger tatsächlich und nicht nur scheinbar wohlhabend und zufrieden machen. Denn: Auch wenn das BIP bei den Industrienationen in den vergangenen Jahren grundsätzlich anstieg, waren die Menschen deswegen nicht unbedingt glücklicher.

Heute beschäftigen sich nicht nur die französische Regierung, sondern auch Forscherteams in Deutschland, den USA und Irland mit der Frage nach einem europäischen Leistungsindikator, der Zufriedenheit und Glück hierzulande messbar und vergleichbar macht. Der Sozialethiker Friedhelm Hengsbach sagt dazu gegenüber der *Süddeutschen Zeitung*: »Rein monetäres Wachstum ist fragwürdig, dieses Wachstum wird bezahlt mit einem Riss in der Gesellschaft. Das Bruttoinlandsprodukt kann somit kein Maßstab für Lebensqualität sein. [...] Die Menschen wollen ein gutes und gesundes Leben führen, sie wollen Zeit haben für Familie, Freunde, Hobbys.« Wenn er recht hat, macht sich allmählich ein neues Bewusstsein für Status breit, das weiter greift als nur den wirtschaftlichen Zustand des Einzelnen wie des Staates zu betrachten: In den Blickpunkt rückt der emotionale und geistige Status. Er definiert sich durch die Loslösung von rein materiellen Gedanken hin zu Sinn und Nähe, denn diese Werte nähren den Menschen wirklich.

Definieren Sie Ihr Statusdenken, das Ihnen wahren Reichtum bringt: Hören Sie auf Ihr Herz, Ihren Herzensstatus und seine Parameter Freunde, Nähe, gegenseitige Unterstützung, sinnstiftende Partnerschaft, kulturelles Denken und wertorientiertes nachhaltiges Handeln. Schließlich hat Glück nichts mit oberflächlichem Streben nach Was auch immer zu tun. Ganz im Gegenteil. Der Direktor der Klinik für Psychiatrie und Psychotherapie im Münchner Klinikum rechts der Isar, Hans Förstl, erklärte in einem Interview mit der *Süddeutschen Zeitung*, dass bescheidenere Menschen mit einem Selbstwert, der nicht allein von der Bestätigung anderer abhängt, mehr Glück empfinden als andere. Er sagt, dass man sich glücklich fühlt, wenn man eingebunden in eine Gruppe ist, eine gewisse Autonomie genießt, von einer Idee überzeugt ist und sieht, dass man Chancen hat, dieser Idee nachgehen zu können. Fragen Sie sich, wie es um Ihren Herzensstatus bestellt ist und welche dieser Faktoren

»Glück ist das momentane Gefühl totaler Sorglosigkeit. Wenn ich weiß, im Büro läuft es rund, meiner Familie geht's gut, und ich kurz vor einem Urlaub stehe.«

Bernd Nobis, 62, Werber, München

Sie noch stärker in Ihr Leben integrieren möchten. Streben, handeln Sie, jedes Quäntchen wird Sie noch ein Schrittchen zufriedener machen. Und viele Schrittchen sind ein großer Schritt.

28 Das Wesentliche erkennen

Noch-Ehemänner amerikanischer Filmstars weinen gern in die Kamera, wenn sie einen kapitalen Fehler begangen und einer anderen zu tief in die Augen geschaut haben. Es kommt immer heraus, und dann ist es meist zu spät. Die Fangemeinde der Stars und Sternchen wird sich delektieren an diesem grandiosen Schicksal, und der Filmstar wird die Scheidung einreichen. Zwar ist nichts für immer, und alles kann wieder werden, doch mit Eheglück und intakter Familie ist erst einmal Schluss. Da sitzt er nun, der Seitenspringer, in seinem Riesenhaus in Malibu (Zugewinngemeinschaft war verabredet) und zappt sich durchs Fernsehprogramm und weint in die Kissen. Wenn er das zuvor gewusst hätte! Was er da aufs Spiel gesetzt und alles verloren hat! Wegen zehn Sekunden Freude! Nun ist sie perdu, die Frau seines Lebens!

Hätte, könnte, würde: Hätte das Kätzchen nicht am Blümchen geschnuppert, hätte es das Mäuschen noch bekommen. Doch das Blümchen war einfach zu verlockend, ist halt so und unumkehrbar. So oder so ähnlich wird es auch Ihnen immer wieder gehen mit dem Wenn-ich-das-gewusst-hätte … Wie aber wissen Sie bereits vorher, worauf Sie sich einlassen und worauf nicht, und welche Konsequenzen das hat, dass Sie mit sich und der Welt im Reinen sind und es auch bleiben? Ausschlaggebend sind zwei Dinge: Lebenserfahrung und Intuition, also Kopf und Bauch.

Das Schönste am Reiferwerden ist, dass man nicht mehr jeden Unfug macht. Irgendwann ist der Zeitpunkt gekommen, zu dem schon einmal auf die heiße Herdplatte gefasst, kräftig zu viel Alkohol getrunken und deutlich zu schnell gefahren wurde. Das nächste Mal wird auch hier auf das Wesentliche geachtet: Herd aus, mehr Wasser und weniger Bier, runter vom Gas. So geht es einem einfach besser, und das Leben macht mehr Freude. Sie wissen das, weil Sie vieles nicht zum ersten Mal machen, und das ist eine sehr schöne Erkenntnis. Genauso ist es mit den großen Entscheidungen – für oder gegen eine Liebe, eine Karriere, einen Hausbau, einen Umzug, ein Kind, ein Sabbatical. Je reifer Sie sind, desto besser können Sie sich einschätzen und spüren, was Ihnen wichtig ist. Wichtig ist, dass Sie sich für all die großen und mittelgroßen Themen des Lebens ordentlich viel Zeit geben und dabei fragen, wie wichtig jedes einzelne auf der nach oben offenen Wesentlich-Skala ist. Je präsenter es Ihnen – im Vergleich mit den anderen zentralen Fragestellungen des Lebens – über längere Zeit im Bewusstsein bleibt, desto mehr ist Ihnen daran gelegen. Wichtig beim schlussendlichen Einschlagen eines Weges (für oder gegen Kind, Karriere, Karibik mit all den Konsequenzen) ist das Abwägen: Welchen Preis zahle ich für meine Haltung? Wenn ich ja sage: Was kann ich dann nicht tun, nicht erreichen, muss ich wahrscheinlich dafür aufgeben? Was bleibt mir, wenn ich nein sage, und wie werde ich meinen Verzicht verkraften? Wenn Sie derart verantwortungsbewusst gegenüber sich selbst abwägen, haben Sie zwar immer noch keine Garantie für das große, sich tatsächlich einstellende Glück. Doch Sie mindern das Risiko, dass Sie später »hätte, könnte, würde« murmeln und lieber alles rückgängig machen würden.

Jetzt schicken Sie den guten Kameraden Bauch ins Rennen. Der weiß mehr als drei Hirne zusammen. Sie lesen das an einigen Stellen in diesem Buch, aber er ist eben so wichtig, und damit Ihnen das bewusst wird und bleibt, gilt hier beim Thema Bauchgefühl das Prinzip »Verstärkung durch Wiederholung«. An all den Bauch-Stellen finden Sie Argumente und Anlässe genug dafür, ihn so richtig schön zu trainieren und richtig gut auf ihn zu hören. Vor allem im Hinblick darauf, dass er ein ziemlich untrüglicher Berater dafür ist, das Wesentliche vom Unwesentlichen zu trennen. Wenn Sie Ihre Intuition ausführlich schalten und walten gelassen haben, gehen Sie anschließend einmal um den Block oder um den Teich im Stadtpark. Bewegen Sie Ihre Gedanken, und fragen Sie am Schluss der Runde den Bauch: »Ja oder nein? Wesentlich oder unwesentlich?« Die Antwort gilt. Denken Sie nicht darüber nach, und verhalten Sie sich entsprechend. Dann haben Lebenserfahrung und Bauchgefühl das vollbracht, was vielen Ihrer Mitmenschen ganz schön fehlt – mit scharfem Blick auf Ihr Leben geschaut und kluge Antworten auf dessen Fragen gegeben. Das Ergebnis: Ihr Wesentliches.

»Glück ist für mich, wenn ich meine Zeit in die Dinge investieren kann, die für mich wichtig sind, besonders für die Liebe und die Partnerschaft.«

Philipp Schaer, 32, Betriebswirt, München

29 *Glückstagebuch führen*

Tagebücher können üblicherweise eine durchaus nervige Angelegenheit sein. Jeden Tag ist man gefordert, daran zu denken, das Büchlein aufzuklappen und in ein paar Zeilen über den Tag zu sinnieren. Andererseits: Wer so diszipliniert ist, kann bei dieser Rückschau die guten wie die weniger guten Erkenntnisse Revue passieren lassen und sich die schönsten Augenblicke noch einmal ins Gedächtnis rufen. Solche Kostbarkeiten lassen sich auch mental sammeln, indem Sie sich abends nach Ihren drei schönsten Glückserlebnissen des Tages erkundigen oder Ihr Kind und Ihren Lebenspartner dazu befragen.

Wer sich diese wenigen Stichworte notiert, sieht am Ende des Monats oder des Jahres, was und welche Ereignisse ihn wirklich berührt und glücklich gemacht haben. Sie werden feststellen, es sind keine großartigen Dinge. Oft genügt ein liebes Wort, eine Geste, ein bestimmtes Ereignis. Außerdem zeigt Ihnen diese Momentesammlung, dass Ihr Leben keinesfalls grau ist, dass Sie *jeden* Tag Glück erfahren. Dadurch entsteht ein Konzentrat an positiver Verstärkung, Sie fühlen sich – je länger Sie

»Glück ist, wenn ich Menschen begeistern kann und das Gefühl habe, gebraucht zu werden; wenn ich den Moment genieße, ich selbst bin und das Leben es gut mit mir meint.«

Richard Plattner, 47, Hotelier und Unternehmer, Pontresina/St. Moritz

dieses mentale oder reale Glückstagebuch führen – immer glücklicher.

Wer sich schwertut, sich an seine täglichen Glücksmomente zu erinnern, für den gibt es eine Eselsbrücke: Motivationspapst Horst Conen erzählt in einem Buch *Sei gut zu dir, wir brauchen dich* die Geschichte eines italienischen Grafen, der Ihnen dabei als Vorbild dienen kann. Der war ein Lebensgenießer. Niemals streifte er sich seinen Gehrock über, ohne eine Handvoll Bohnen einzustecken. Das tat er nicht etwa, um die Bohnen zu kauen. Er nahm sie mit, um so die schönen Momente des Tages besser zählen zu können: Für jede angenehme Kleinigkeit, die er tagsüber erlebte – das nette Gespräch auf der Straße, das Lächeln seiner Frau, eine lustige Begebenheit mit seinen Kindern, ein köstliches Mahl, eine feine Zigarre, einen schattigen Platz in der Mittagshitze –, ließ der Graf eine Bohne von der rechten in die linke Jackentasche wandern. Manche Begebenheit war ihm gleich zwei oder drei Bohnen wert. Abends saß er dann zu Hause und zählte die Bohnen in der linken Tasche. Er zelebrierte diese Minuten. So führte er sich vor Augen, wie viel Schönes ihm an diesem Tag widerfahren war, und er freute sich seines Lebens.

So oder so ähnlich vielleicht ergibt sich auch für Sie eine Möglichkeit, Ihre Glücksmomente zu reflektieren und den Tag bewusst in einigen Zeilen einzufangen.

»Carpe diem« heißt sie im Lateinischen, die Aufforderung zu erkennen, wie knapp unsere Lebenszeit bemessen ist. Der Appell: Im Heute, im Hier und Jetzt leben und nicht im Vertrauen auf den nächsten Tag, auf dass dieser schöner, besser, glücklicher wird. Lebe das Leben, das Glück jetzt!, lautet die Aufforderung des römischen Dichters Horaz in dem Gedicht, in dessen Schlusszeile wir auf »carpe diem« stoßen (Oden 1,11): »Frag nicht (denn Wissen ist ein Frevel), welches Ende die Götter mir, welches sie dir, Leukonoe, zugedacht haben, und lass die Finger von babylonischer Astrologie! Wie viel besser doch, was immer sein mag, zu ertragen! Ob Jupiter noch viele Winter uns zugeteilt hat oder den letzten, der jetzt an entgegenstehenden Klippen das Tyrrhenische Meer bricht – lebe mit Verstand, kläre den Wein und beschränke ferne Hoffnung auf kurze Dauer! Noch während wir reden, ist die missgünstige Zeit schon entflohen: Nutze den Tag, und glaube so wenig wie möglich an den nächsten!«

Also: Leben und genießen Sie Ihr Glück, und machen Sie sich mit einem Glückstagebuch bewusst, was Sie daran haben!

30 *Dankbar sein*

Dankbarkeit und Demut, das klingt verstaubt und aus der Mode geraten. Kaum noch hören wir uns oder jemand anderen sagen: »Da war ich dankbar.« Oder: »Da verspürte ich Demut.« Vollkommen unüblich ist es, Dankbarkeit mit einer kleinen Verneigung, wie in buddhistisch geprägten Teilen Asiens üblich, zu unterstreichen. In Japan ist es ganz normal, dass sich jemand – weltoffen, erfolgreich, gutes Geld verdienend – vor ein paar ausgelatschten Turnschuhen verbeugt, bevor er sie in den Müll wirft. Damit zollt er den Schuhen Respekt, sieht in ihnen nicht den ausgedienten Wegwerfartikel. Nein, er wertschätzt, dass die Schuhe ihn so lange Zeit begleitet und ihm gute Dienste erwiesen haben: Sie haben ihm die Füße gewärmt, dafür gesorgt, dass er angenehm laufen konnte, mit ihren Farben und der guten Verarbeitung sein Herz und seine Augen erfreut; jedes Mal aufs Neue, wenn er sie trug.

»Solche Achtsamkeit für einen alltäglichen Gegenstand gehört in Japan wesentlich zur überlieferten Kultur«, zitiert ein *Brigitte*-Artikel den Stressforscher Wilhelm Schmid-Bode. In seinem Buch *Maß und Zeit* fordert der Münchner Spezialist für psychosomatische Medizin uns auf, die Kraft der alten klösterlichen Werte neu zu entdecken – vergessene Tugenden wie Stille, Askese und Wachsamkeit (siehe auch die Kapitel »Meditieren«, Seite 39, »Achtsam sein, denken und handeln«, Seite 25, und »Müßiggehen«, Seite 187). Denn in Dankbarkeit und Demut stecken nicht etwa Unterlegenheit und Schwäche. Beide Tugenden sorgen vielmehr dafür, dass Sie die Bodenhaftung nicht verlieren, und lassen Sie in kleinen Dingen Großartiges entdecken. Damit stehen Dankbarkeit und Demut für Stärke und Weisheit, weil sie Ihnen bei der Erkenntnis helfen, dass Sie nicht den Nabel der Welt darstellen, sondern einerseits abhängig sind von anderen Dingen, von anderen Menschen und Lebensumständen, und andererseits eingebettet in ein System leben, das nur durch das wertschätzende Miteinander funktioniert.

Interessanterweise stellt sich diese Erkenntnis meist erst ein, wenn die Zeiten jugendlicher Überheblichkeit vorbei sind und erster seelischer Schiffsbruch erfolgreich durchlitten ist: eine gescheiterte Liebe, ein Karriereknick, Krankheit, der Tod eines geschätzten Menschen. Solche Meilensteine führen Ihnen die Endlichkeit Ihres Lebens mit all seinen Darstellern vor Augen. Wünschenswert ist, dass Ihnen dadurch der Stellenwert von Dankbarkeit und Demut neu deutlich wird, von Tugenden, die Ihr Leben so sehr bereichern. Stressforscher des kalifornischen Institute of HeartMath fanden heraus, dass unser Herz nicht etwa beim Meditieren, sondern beim Empfangen von Wertschätzung besonders ruhig und gleichmäßig schlägt. Wenn wir Dankbarkeit, Fürsorge, Liebe und Mitleid empfinden, arbeitet es am effizientesten, sind unsere Abwehrkräfte besonders stark.

»Dankbarkeit«, wusste schon der französische Geistliche und Schriftsteller Jean-Baptiste Massieu, »ist das Gedächtnis des Herzens.« Der Theologe und Widerstandskämpfer Dietrich Bonhoeffer sagte es noch poetischer: »Je schöner und voller die Erinnerungen, desto schwerer die Trennung. Aber die Dankbarkeit verwandelt die Qual der Erinnerung in eine stille Freude. Man trägt das vergangene Schöne nicht mehr wie einen Stachel, sondern wie ein kostbares Geschenk in sich.«[12]

Sehen Sie sich eingebettet in eine Gesellschaft, der es sehr gut geht; als Teil einer Welt, deren biologisches Gleichgewicht noch intakt ist. Sie müssen keine Not leiden, haben ein Dach über dem Kopf; mehr noch: Sie leben vermutlich in einer schönen Wohnung, haben täglich genug zu essen, können naturbelassene Nahrungsmittel kaufen und auch in ein Restaurant gehen. Sie können Ihr Leben als Geschenk betrachten, aus dem Sie unendlich viel gestalten können. Hier eine Liste mit Gründen, weshalb Sie dankbar sein können: Die Sonne scheint, Ihr Kind bringt aus der Schule eine Eins mit nach Hause, Sie haben keine Schmerzen, die Vögel zwitschern, im Briefkasten liegt eine handgeschriebene Postkarte, Sie bekommen einen Kuss, jemand kocht für Sie, das Bett ist frisch bezogen, Sie haben zu essen, Sie durften eine Ausbildung machen, es gibt heißen Tee, Sie tragen Ihre Lieblingsbluse, Sie Leben in Freiheit, Sie können Sport machen, auf dem Balkon wächst alles so schön, es regnet nicht, Sie können klar denken, Sie haben eine Arbeit, aus der Leitung kommt sauberes Wasser, der Computer funktioniert, Sie haben Freunde …

Weil Danke sagen ein so positives Lebensgefühl auslöst, rät der US-amerikanische Psychologe Martin Seligman zu Dankbarkeitsbesuchen bei Eltern, Großeltern, einem kranken Freund oder Arbeitskollegen. Ebenso befördert der Dankesbrief an einen besonders hingebungsvollen Vortragsredner, den immer noch wohlgesinnten Ex-Chef, den unermüdlichen Arzt, der schlussendlich Heilung gebracht hat, das Wohlbefinden: Der Effekt solch altruistischen Verhaltens hält drei Monate an, erklärt Seligman. Gestehen Sie sich ein, nicht der Größte zu sein, sondern Teil eines großen Ganzen. Das verleiht Ihnen wahre Größe und bildet Ihr Herzensempfinden weiter aus. Es ist Grund genug zum Dankbarsein.

»Glück und Lebensfreude sind die Summe vieler kleiner Geschenke, die uns das Leben Tag für Tag bereitet. Zum Beispiel ein Lächeln, eine Umarmung, eine Bank in der Sonne, ein Spaziergang in der Natur, ein Moment der Stille.«

Sieglinde Koller, 70, Rentnerin und begeisterte Oma, München

31 *Ich mach meine Welt, wie sie mir gefällt*

Unter dieser Überschrift erwarten Sie bestimmt Freches, Verrücktes, Kunterbuntes; außerdem Mutmacher, Vorausgeher, Erlaubnisgeber. Gut, dann wollen wir mal! Und, Sie können ganz beruhigt sein: Pippi Langstrumpf wird, oh Wunder, auch einen Part davon übernehmen – oder gleich alle auf einmal?

Fakt ist, dass unsere Welt immer austauschbarer und gleichförmiger wird. Beobachtet und gefühlt ist es so, dass alle modernen Menschen, die es ein bisschen zu was gebracht haben, in allen Büros und Wohnungen auf dieser Erde die gleiche Schreibtischlampe von Artemide namens »Tolomeo« (wahlweise auch »Tizio«) leuchten haben. Überall fahren sie den Mini, bevorzugt in der Kombi-Ausführung, die den stylischen Namen »Clubman« trägt und am besten in Hot Chocolate Metallic lackiert ist. Samstags mit den Gästen trinken sie den gleichen Wein von Ernest & Julio Gallo aus dem kalifornischen Sonoma County (eigentlich ist er vom Discounter ums Eck). Münchener Weißwürste gibt es in New York, zu jeder Tageszeit, den New York Cheesecake in München ebenso. Wir essen in jedem Winkel der Republik Butter aus Berchtesgaden, die Jungen tragen überall Baggy Pants und die Alten Trenchcoats. Wie langweilig!

Ist das denn wirklich die einzig wahre Lösung, so eine rund gelutschte Alltagswelt, in der jeder jederzeit das Gleiche hat? In der man sich gar nicht mehr so recht freuen mag auf den Liebestrip nach Barcelona und den Serranoschinken aus dieser skurrilen Markthalle an der Ramblas – weil: daheim in der Fress-Etage vom Kaufhof liegt der ja so ähnlich auch und noch preiswerter dazu?

Und für alle, die beim Thema Verreisen auch ans Fliegen denken, werfen wir einen Blick in die Abflughallen: Sehr früh morgens rollern die Geschäftsmann-Pinguine – alle in schwarzen Businessanzügen und weißen, spezialgestärkten Hemden – ihre schwarzen Samsonite-Koffer (wer mal so richtig aus sich rausgeht, hat einen silberfarbenen aus Aluminium von Rimowa) in die eine Richtung zum Rote-Augen-Flieger nach Irgendwo-ist-im-Grunde-auch-egal. Am frühen Abend kommen sie dann alle noch einmal vorbei. Jetzt sind es schlaffe und zerknitterte Pinguine, die ihre Koffer in die entgegengesetzte Richtung rollern. Ab in die Tiefgarage, dann heim in den Schoß der Normfamilie, zur Ehefrau und den 1,4 Kindern, ins Reihenmittel- oder sogar Reihenendhaus. Eine schöne Geschichte, die die Managementtrainerin Sabine Asgodom hinreißend erzählt. Erkennen Sie sich wieder? Falls nicht genau so, dann eben etwas anders.

Ist das schön? Macht das Freude? Macht das froh? Sicherlich gibt es Sachen, die schöner sind, mehr Freude und froher machen – vielleicht auch in Ihren schönsten Tagträumen. Wenn Pippi Langstrumpf sich ein Äffchen und ein Pferd anschaffen und die Schule schmeißen und Spaghetti mit Würstchen zum Frühstück essen kann, auf diese Art und Weise quietschfidel durchs Leben eiert und »Ich tu immer das, was mir einfällt« posaunt, warum tun Sie das nicht auch? Wieso nehmen Sie sich diese Unbeschwertheit nicht zum Vorbild? Sind Sie vielleicht zu sehr auf Konventionen bedacht? Ist es vielleicht, weil ein großer Teil Ihres Lebens darin besteht, anderen Menschen gefallen zu wollen? Und das oftmals sogar um jeden Preis? Sicher, all das sind respektable Gründe für normgerechtes unaufmuckendes Verhalten. Erschwerend kommt hinzu, dass Pippi Langstrumpf nur eine Erfindung ist und ihre Welt eben auch so eine tagträumerische Scheinwelt. Das hat bereits 1952, drei Jahre nach dem

Erscheinen des Buches auf Deutsch, das Erziehungsdepartement Basel festgestellt: In seiner Musterbibliothek steht geschrieben, das Mädchen »lügt wie gedruckt, und seine Kameraden finden das bewundernswert … Die originelle Grundidee des Büchleins ist zu originell und wirkt abstoßend. Wegen all dieser Unzulänglichkeiten lehnen wir dieses berühmte Pippi-Buch entschieden ab.« Oho, wir haben verstanden. Also noch nicht einmal angefangen und schon wieder Schluss mit verrückter Welt, wie sie Ihnen gefällt?

Aber woher denn! Es geht erst richtig los! Schauen wir zunächst auf die beiden Schlüsselwörter »merkwürdig« und »verrückt«, mit denen Pippi von ihrer Umwelt im Buch kategorisiert wird:

- »Merkwürdig« klingt eben komisch, da gibt es kein Vertun. Dabei birgt dieses Wort etwas höchst Positives. Dann nämlich, wenn Sie in Gedanken einen Gedankenstrich zwischen die beiden Wortteile setzen: merk-würdig. Auf einmal hat das Wort seinen ganzen Schrecken, dieses latent Negative verloren, und es tritt eine ganz andere Bedeutung zutage: Wenn etwas anders als gewohnt und gedacht und damit merk-würdig ist, denken wir gern daran, kommen wir darauf zurück, nehmen wir es uns zum Vorbild. Und wenn Sie selbst merk-würdig sind, haben wir Sie alle auf dem Radar, treten Sie aus der Masse der Pinguine und sonstiger Gesellschaftstierchen heraus. Interessant, oder?
- Mit »verrückt« geht es ähnlich: ver-rückt. Auf einmal denken wir nicht mehr an bekloppt und an die Klapse, an nicht gesellschaftsfähig und an Holt-bloß-die-Kinder-rein! Sondern wir stellen uns einen ver-rückten Stuhl vor, der nicht in Reih und Glied steht (so etwas weckt unsere Neugier), und Sie sehen sich plötzlich selbst: ver-rückt durch das, was sie

tun und sagen. Eben auch nicht in Reih und Glied stehend, anders und dadurch echter, greifbarer, fühlbarer, menschlicher.

Mit der Gewissheit, dass Sie gut und liebend gern merk-würdig und ver-rückt sein können, ja dürfen, wird Komisches begehrlich, Schweres wird leicht und Geträumtes wahr. Das Schönste: Ausprobieren kostet nichts, tut gar nicht weh. Gern würden Sie einmal ausscheren und Ihr Auto in Wackelpetergrün bestellen? Tun Sie es! Fangen Sie im Büro eben erst um 10 Uhr an, wenn das Ihre Stunde ist, und bleiben Sie dafür bis 19 Uhr. (Den cleveren Personaler erkennt man daran, dass er Ihrem Ansinnen stattgibt.) Servieren Sie Ihren Gästen einfach Pellkartoffeln mit Quark und dazu den Riesling Obermoscheler Silberberg, falls Sie von der Nahe stammen, oder eben den aus Ihrer Heimat. (Und wenn bei Ihnen kein Wein gedeiht, nehmen Sie eben das regionale Flaschenbier.) Die Leute werden vielleicht erst einmal komisch dreinschauen, das lässt aber schnell nach (und kehrt erst wieder, wenn alles aufgegessen und vor allem ausgetrunken ist). Schmeißen Sie die Normcouch raus, und holen Sie dafür die alten Kinostühle aus dem Lichtspieltheater Ihrer wilden Jugend aus dem Keller. Frisch beziehen, lila-blassblau-getupft! Dürfen Sie das tun? Yes, you can!

Ach, wie herrlich! Und falls diese hier gar nicht Ihre Träume sind, dann sind es halt ganz andere. Hoffentlich erklärt man Sie in jedem Fall für ordentlich merk-würdig und ver-rückt. Sie werden sehen: Das tut nicht nur der Seele gut, und Ihre Mundwinkel wandern merklich in Richtung Ihrer Ohren. Es tut auch uns allen gut, wenn wir Sie so erleben und so schön bemerken, dass Sie einen ganz anderen Pakt mit sich und der Welt geschlossen haben. Damit es so weit kommt, sollten Sie loslegen mit einer kleinen spinnerten Aktion, hinspüren, mal schauen, wie die anderen schauen und reagieren, in sich hineinfühlen, welches Gefühl das auslöst. Und dann, bei Wohlgefallen, langsam und stetig den Druck auf Ihr Frohsinnsventil erhöhen. Auf der nach oben offenen Merk-würdigkeits- und Ver-rücktheitsskala gibt es keine Grenzen.

Hier noch ein Bonus, die kleine Liste mit den Beispielen für die großen bunten Taten:

- die Wand hinten in der Küche quittengelb streichen (streichelt so schön die Morgenseele und kriegt der Vermieter nie mehr runter)
- mit dem rostigen 78er Volvo zum Kunden fahren (der ist dann bloß neidisch)
- Auto ganz abschaffen (was sind Sie nur für ein subversives Element!)
- vom polnischen Krakau nach Lemberg/Lviv in der Ukraine wandern (Dubai und New York waren gestern)
- Omas brokatbesetzte Jacke pimpen und den ganzen italienischen Kram im Secondhand-Laden versetzen (einfach weg mit dem uniformen Zeugs)
- die Pantoffeln mit den Hasenohren lieben und ehren und tragen bis in alle Tage (der Schlafanzug ist ja auch feldhasengrau)
- mit dem stylishen Rucksack in den Business-Flieger einsteigen (oh, ein bunter Papagei unter den ganzen Pinguinen!)
- fremde Anrufbeantworter grundsätzlich besingen (bald wollen das alle haben, und keiner geht mehr ran)
- in der Kantine nur die Beilagen und den Nachtisch wählen und alles gleichzeitig essen (zu Hause geht's ja auch)

»Glück ist für mich, zu Hause zu sein
mit meiner Frau, meinen Büchern
und meinen Schallplatten.
Und manchmal fahren wir beide
ein paar Tage in den Schwarzwald.«

Dr. Bernhard Schanz, 82, Unternehmer i.R., Offenbach

32 *Mein Haus, mein Himmelreich*

Die Bezeichnungen »Haus« und »Himmelreich« passen im ersten Moment gar nicht so richtig zusammen: Bei Himmelreich denken Sie doch eher an ein Schloss, eine Burg, eine traumhafte Villa ... Vielleicht an ein Anwesen im Grünen, einen efeuberankten Gutshof? Auf keinen Fall an die Bude, in der Sie selber wohnen. Vielleicht sieht es bei Ihnen ja so aus: klein, aber mein, das Wohnzimmer voller Billys, eine Patchwork-Decke über den Rotweinflecken auf der Couch, die Küchenstühle vom Sperrmüll, Bananenkisten mit dem ganzen Steuerkrams im Arbeitszimmer, und gestrichen werden müsste auch seit fünf Jahren wieder mal. Wie soll das unter diesen Umständen denn werden mit dem Himmelreich?

Zum Trost: Es ist alles eine Frage der Sichtweise und damit der Definition. Mit Geld kann das jeder, so ein Schloss-, Burg-, Villen-Himmelreich erschaffen. Das ist ziemlich unspannend. Aber mit dem richtigen Gespür, mit Ideen und Mut können es nur Sie – wenn Sie wollen. Schließlich ist Ihr ganz eigenes Himmelreich genau das, was Sie dafür tun und wie es zu Ihnen passt. »Ist ja schön und gut«, werden Sie nun sagen, »aber wenn ich mir meine Wohnung so zurechtmache, wie es mir wirklich gefällt, was werden dann die Leute sagen?« Na und? Sollen sie doch! Schließlich können Sie in Ihren eigenen vier Wänden tun und lassen, was Sie wollen. Das sagt sogar Artikel 13 des Grundgesetzes, Absatz 1 (»Die Wohnung ist unverletzlich«). Also, ran an den Wohnungsspeck!

Denken Sie bei der Gestaltung Ihrer Wohnung, in der Sie wirklich gern zu Hause sind, sich so richtig wohlfühlen und am liebsten die Türklinke abschrauben möchten, an diesen Leitsatz: Es kommt nicht auf den Rahmen an, sondern auf das Bild. Auch aus einer durchaus problematischen Ausfallstraßenlage mit handtuchgroßem Auslauf durch den Keller und sehr schräger Dachschräge, mit Kunststoff-Fensterbänken und spießigen, braunen Badmöbeln – all das kann der Rahmen sein – lässt sich etwas ganz Bezauberndes machen. Innenarchitekten erklären, und für diese so wahre Aussage haben sie schließlich zehn Semester an der Hochschule verbracht, dass es für das Wohlfühlgefühl einzig und allein darauf ankommt, die richtigen Akzente zu setzen. Lassen Sie also das Dach schräg und die Badmöbel drin (an der Ausfallstraße und dem Gärtchen durch den Keller können Sie sowieso nichts drehen), darauf kommt es gar nicht an. Setzen Sie lieber Ihre Akzente, und sorgen Sie damit für das schönste Bild in Ihrem Rahmen, wie es der begnadetste Maler nicht besser hinbekommt. Denken Sie immer daran: Das Bild soll nur Ihnen und vielleicht noch Ihren Liebsten gefallen; Besuch ist bald wieder weg. Und wenn Sie anfangen, zu viele Mitmenschen nach ihrer Meinung zu fragen, hat auf einmal jeder fünf gute Ideen, die sich ziemlich sicher gegenseitig ausschließen. Ihre Wohnung würde Sie bloß kirre machen, aber nicht froher, zufriedener, glücklicher.

Stellen Sie sich vor, Ihre Wohnung wäre Ihr Mitbewohner: Was müssten Sie für ihn tun, damit er Sie wertschätzt, für Sie da ist, Ihnen alles Gute mehrfach zurückgibt? Nehmen Sie sich Zeit für Ihren neuen Mitbewohner, er will gehegt und gepflegt werden. Und nehmen Sie ruhig etwas Geld in die Hand. Es bewährt sich, eine feste Verabredung mit Ihrer Wohnung zu haben; immer samstags nach der Bäcker-Metzger-Reinigung-Schuster-Runde, wenn Sie zur Wochenendruhe kommen, ist ein guter Zeitpunkt. Dann haben Sie die nötige Muße, und Sie ziehen los, bewaffnet mit Ihrem Ideenblatt und dem Ideenstift. Sie erwandern Küche, Flur, Wohnzimmer, Schlafzimmer und die anderen Schlossgemächer. Sie lassen Ihre Sinne walten und spüren, was Sie schon lange nervt, wenn Sie auf dem Sofa lümmeln, am Küchentisch sitzen, im Bett liegen: Das Licht ist zu hell (dagegen gibt es Dimmer), die Biber-Spannbettwäsche fühlt sich greislich an (neue, vorschlagsweise in rot-weißem Berghüttenkaro, gibt es für 20 Euro), die Küchenfronten sind endgültig zu schlimm (einfach Klebefolie in Ihrer Lieblings-Blitz-und-Donner-Farbe drauf), der angelesene Zeitungsstapel schimmelt und nervt (erst in die Bananenkiste, dann in den Müll), die Frühstücksbrettchen waren schon bei Oma Hedwig doof (ersatzlos raus damit), die muffelnden Schuhe im Flur machen Sie fertig (es soll ganz tolle Schuhschränke geben, die sogar frei Haus geliefert werden), die Fußmatte mit der Inschrift »Hax'n abkratz'n« geht gar nicht (es gibt auch solche ganz ohne Spaßkrampf), die Überwurfdecke kann bleiben, bis die große Lösung »neues Sofa« finanzierbar ist (aber bitte eine neue, ohne Patchwork). Ach, ja: Das Bad soll schweinchenrosa werden und in einem Meer aus Teelichtern schwimmen. Warum? Warum nicht!

Alles notiert? Dann bitte priorisieren: Was macht wenig Mühe, was besonders viel? Was kostet nicht die Welt, was dagegen sehr? Was liegt Ihnen ganz besonders am Herzen, würde Sie besonders froh stimmen? Fertig ist der Umsetzungsplan mit dem Arbeitstitel »Mein Haus wird mein Himmelreich«, und das Herz und der Bauch und die Seele jubilieren vor Vorfreude. Gestalten Sie die Umsetzung homöopathisch: Nicht alles auf einmal, es soll ja Freude und keinen Druck machen. Ein Mäuseschrittchen auf dem Weg zum Himmelreich pro Woche ist eine gute Maßeinheit. Das sind 52 Mäuseschrittchen oder ein großer Elefantenschritt zum Glück im Jahr.

Das ist doch was! Mit der Zeit kommen Sie wieder richtig gern nach Hause. Sie wohnen nicht mehr, Sie leben schon. Und zwar so, dass Sie aus Ihrer tollen Wohnung nicht rausgehen, weil Sie es da drin nicht aushalten würden. Sondern weil Sie müssen und das Büro und der Supermarkt ja nicht zu Ihnen kommen. Auf einmal gehen Sie weniger essen und in die Kneipe, Sie laden mehr Leute ein und unternehmen weniger kraft- und kapitalzehrende Wochenendtrips. Ihr Wellness-Tempel ist jetzt auch daheim, der mit den einschlägigen Fliesen und vor allem in dieser göttlichen Farbe, mit dem Teelichtermeer, den Klassik-CDs und diesem unbeschreiblichen Badesalz von Floris in London, 89 Jermyn Street. Dieses Salz ist wie selbst nach London fahren, nur – zusammen mit all den anderen himmlischen Badezutaten – viel häuslicher und viel bequemer und viel preiswerter. Ihr ganz eigenes Fünf-Sterne-Hotel, und die Sterne funkeln so, wie ganz allein Sie am liebsten mögen.

33 *Sinn finden*

Wenn Sie wirklich den Sinn des Lebens für sich gefunden haben, sind Sie derart angekommen, dass Sie auf einer ganz besonders schönen Wolke hoch über uns allen schweben, uns fröhlich zuwinken und in Ihrem immer währenden Glück schwelgen. Hört sich das gut an? Mag sein, doch dieser absolute Zustand ist vermutlich nicht erreichbar. Die schlechte Nachricht: Den einzig wahren Sinn gibt es nicht, schon gar nicht als Baukasten (und damit auch die schöne Wolke nicht). Die gute Nachricht: Wenn Sie das richtige Gespür entwickeln und immer dranbleiben, können Sie sehr weit kommen auf dem Weg zu Ihren 100 Prozent Lebenssinn und Lebensgehalt.

Bei der Frage nach dem Sinn steht weniger der Zweck oder das Ziel des Lebens im Mittelpunkt. Es geht vielmehr darum, dass Sie morgens gern und mit dem Gefühl aufstehen, dass Ihr Tagwerk zu etwas Bleibendem beitragen wird. Und abends gehen Sie zu Bett und haben leidenschaftliche Antworten auf die Frage nach den drei sinnvollsten Dingen, die Sie heute getan haben. Wichtig dabei ist, dass Sie dabei unterscheiden zwischen dem Gesellschaftsbeitrag und dem Ich-Beitrag: Der Gesellschaftsbeitrag bezeichnet das Quäntchen, das Sie zum friedlichen und konstruktiven Leben aller miteinander hinzutun. Damit tragen Sie dazu bei, dass die Verhältnisse dort erhalten bleiben, wo sie gut sind, und hier und dort immer noch ein Stückchen besser werden, wo sie kranken. (Es ist das Tun des Einzelnen, um seiner Verantwortung gegenüber der Allgemeinheit, der Umwelt und der Natur gerecht zu werden.) Der Ich-Beitrag bezeichnet die Dinge, die Sie sich selbst Gutes tun; damit Sie morgens frohgemut aus dem Bett springen und abends fröhlich wieder hinein. (Es ist das Tun des Einzelnen, der Verantwortung sich selbst gegenüber gerecht zu werden durch ein liebevolles Ich.) Beide Beiträge bedingen sich gegenseitig: Wenn Sie immerzu nur für alle anderen da sind, aber nicht für sich selbst, sind Sie irgendwann ausgelaugt, Ihre Energie schwindet. Und wenn Sie immer nur an sich denken, haben wir alle nichts von Ihrem Egoismus. Auf eine ausgewogene Mischung kommt es an.

Um herauszufinden, welche Ihre sinnvollsten Sinn-Beiträge in jeglicher Richtung sind, ist es notwendig, dass Sie Ihre Werte und Stärken kennen. Wer damit »sich seiner Einzigartigkeit als Mensch bewusst ist und dazu mit ganzem Herzen Ja sagen kann, hat die beste Ausgangsbasis für eine hohe Lebensqualität«, sagt der Hamburger Coach Michael Merks. Wichtig dafür ist herauszufinden, was Sie wirklich antreibt, welches Ihre Visionen sind und was Sie bereit sind, dafür zu tun, dass sie wahr werden.

Noch konkreter geht es mit einigen Fragestellungen, mit denen Sie etwas Klarheit in die häufig doch sehr nebulöse Sinnfindung bringen:

1. Welches sind Ihre Lebensziele?
2. Auf welchem Weg können Sie sie erreichen?
3. Welches Opfer müssen Sie dafür bringen?
4. Welcher Gedanke macht Sie optimistisch?
5. Wofür sind Sie dankbar?
6. Wo sehen Sie bei dem Leid auf der Welt hin?
7. Welcher ist Ihr Weg der umfassenden Liebe?
8. Welche sind Ihre besonderen Fähigkeiten?
9. Wo werden Sie gebraucht?
10. Welche ist heute Ihre Tat des Helfens?
11. Wofür leben Sie?

12. Gibt es eine Philosophie, einen Glauben, die/der Sie auf Ihrem Weg unterstützt?
13. Was ist Ihr Beitrag für die Allgemeinheit, die Umwelt, die Natur?
14. Was tun Sie für sich?
15. Was werden Sie am Ende Ihres Lebens hinterlassen?

Diese Fragen sind angelehnt an den bekannten »Passion-Test« der Amerikaner Janet und Chris Attwood. Damit geben die beiden Coaches auf der ganzen Welt eine Anleitung zur Arbeit mit ihren Coachees. Na ja, werden Sie vielleicht sagen, der Stein der Weisen ist das aber nicht! Richtig, und das ist er ganz einfach deshalb nicht, weil es den nicht gibt und hoffentlich niemals geben wird. Sonst könnte das mit der Sinnfindung ja jeder, und das ganze irdische Leben verlöre einen wichtigen Teil seiner Spannung. Versuchen Sie lieber einmal, die Fragen für sich zu beantworten. Nehmen Sie sich die Kraft und die Zeit und die Muße dafür. Und ziehen Sie auch die anderen Kapitel dieses Buches zurate. Dann werden Sie der Beantwortung Ihrer ganz persönlichen Frage nach dem Sinn Ihres Lebens einen Schritt näher kommen. Immer ein Schrittchen weiter, je öfter Sie an den Fragen und damit an sich selbst arbeiten. Sie werden bemerken: Es ist überaus sinn-voll.

»Vom Tod zu wissen,
das Leben haben, das ist
Glück für mich!«

Josef Mittelmeier, 45,
Universitätsdozent, Regensburg

34 *Glückshormone naschen*

Stellen Sie sich vor, Sie sitzen im Frühling auf einer Parkbank. Sie haben die Augen geschlossen und lassen sich von den ersten Sonnenstrahlen die Nasespitze kitzeln. Herrlich, diese Wärme, dieses Hochgefühl, das von der kleinen Aktion ausgeht. Wie geht das? Was passiert da? Mit der Sonneneinstrahlung wird das Hormon Serotonin erzeugt. Im Gehirn produziert, wirkt es auf unser Nervensystem, reduziert Schmerzen, sorgt für Entspannung, Euphorie und Antrieb. Serotonin ist auch der Stoff, der uns so high macht, wenn wir frisch verliebt sind.

Damit das Gehirn genug von dem glücksbringenden Hormon ausschütten kann, bedarf es des Helfers Tryptophan. Das ist ein Eiweißbaustein, den der Körper nicht selbst herstellen kann und der mit der Nahrung aufgenommen wird. In Gemüse und Hülsenfrüchten ist er enthalten, auch in Datteln, Feigen, Mandeln, Haselnüssen und Sesam. Kohlehydrate wirken nun als Schleuser: Sie werden im Darm zu Zucker umgewandelt, das lässt den Blutzuckerspiegel ansteigen und fördert die Insulinproduktion. Dadurch gelangt das Tryptophan in unser Gehirn. Dort kann es von den Nervenzellen verarbeitet und Serotonin gebildet werden. Somit ist nahrhaftes Essen unabdingbar dafür, dass das Glückshormon Serotonin sich bestens entfalten kann. »Eigentlich«, sagt die Ernährungsexpertin und Verfasserin des Buchs *Mood Food – Glücksnahrung,* Andrea Flemmer, »ist es ganz einfach, glücklich zu sein. Denn Essen an sich tut gut.« Nicht nur weil die richtige Mischung aus Kohlehydraten und Fett die Produktion von Glückshormonen ankurbelt, sondern weil Genuss an sich angenehme Gefühle provoziert, und die wiederum schütten Glückshormone, so genannte Endorphine,

»Glück ist für mich zu fühlen, wenn es Glück ist, und mich dann richtig darüber zu freuen.«

Felix Wegeler, 43, Vorstand, Wiesbaden

aus. Das sind körpereigene Opiate, Drogen, die der Organismus selbst herstellt. Die Forscher, die sie 1973 entdeckten, nannten sie so nach »endo« (griech.: innen) und »Morphine« (Hauptart des Opiums). Jeder Genuss – gutes Essen, edler Wein, ein Stückchen Schokolade, schöne Musik, Bewegung, eine Massage, die heiße Dusche am Morgen – ist Genuss und deshalb purer Rausch.

Glückshormone sind daher auch beim Erleben von Farben im Spiel. Diesen Zusammenhang stellte schon Johann Wolfgang von Goethe in seiner 1810 veröffentlichten Farbenlehre fest. Heute setzt die Farbtherapie Farben gezielt zur Behandlung von Leistungssportlern oder psychisch Kranken ein. Auch im Alltag wirkt das Bunte Wunder: Das Auge nimmt die unterschiedlichen Wellenlängen der Farben auf und gibt die Information ans Gehirn weiter. Dadurch kommt es zur Ausschüttung von Serotonin, und das macht happy. Grundsätzlich wirken die langwelligen Rot- und Orangetöne anregend, motivierend und erotisierend. Sie erhöhen den Blutdruck, aktivieren die Herztätigkeit und vertiefen die Atmung. Grün und Blau wirken wie Tranquilizer, sie senken den Blutdruck, beruhigen und harmonisieren. Gelb weckt die Lebensgeister, hebt die Laune und neutralisiert Stimmungstiefs. Daher sind etwa in Krankenhäusern und Sanatorien die Wände häufig in zarten Gelbtönen gehalten. Bei einer Befragung der Frankfurter Farbpsychologin Eva Heller von 1888 Personen nannten 19 Prozent Gelb als Farbe des Optimismus, gefolgt von Grün mit 17 Prozent und Blau mit 15 Prozent. Auf Hellers Frage nach Farben, die Lebensfreude ausdrücken, war das Ergebnis ein bunter Mix: 29 Prozent sagten Rot, 17 Prozent Gelb, 13 Prozent Orange, zwölf Prozent Grün, zwölf Prozent Blau, zehn Prozent Rosa und sieben Prozent Weiß. Also: Nutzen Sie diesen Lebensfreude-Freibrief und machen Sie daraus etwas ganz nach Ihrer Lust und Ihrer Laune! Machen Sie Bunt zu Ihrer Lieblingsfarbe, und gönnen Sie sich Ihre Seelenschmeichler – als lieblingsbunten Blumenstrauß, Schal, Kette, Küchenwand … Gehen Sie raus in die Natur. Tauchen Sie dort ein in den Farbkasten der Schöpfung und lassen sich von der Sonne die Nase kitzeln. Und wenn es Tage gibt, an denen es Ihnen schon mal besser ging, zapfen Sie Ihre körpereigenen Endorphine an: Genuss, Genuss, Genuss. Ein kleiner genügt, und Ihre Laune wird ganz groß.

Wahre Karriere

Der Österreicher Karl Rabeder hat mit Wachskerzen ein Vermögen verdient. »Du musst arbeiten, damit du zu etwas kommst«, setzte er sich früh zum Ziel, und schon bald stellten sich erste Erfolge ein. Doch die befriedigten ihn auch nach Jahren nicht. »Das ist noch nicht genug. Du musst noch mehr Geld anhäufen«, dachte er sich. Aber er wurde und wurde nicht wirklich zufrieden, bis er mit 42 Jahren der Stimme seines Herzens folgte und alles verkaufte – Privatjet, Autos, Villa am See; alles. Heute lebt er in einer Ein-Zimmer-Wohnung und hilft Kleinstunternehmern mit Mikrokrediten (www.mymicrocredit.org), ihre Geschäftsidee zu finanzieren.

Karl Rabeder hat, einem modernen heiligen Franziskus gleich, um endlich seine wahre Berufung gefunden. Durchaus spät (er schimpft über sich selbst, dass er sich 25 Jahre lang von der Werbe- und Konsumgütermaschinerie an der Nase hat herumführen lassen), doch alles andere als zu spät: »Es ist in Ordnung, dass es so lange gedauert hat. Es war mein Weg. Einen besseren konnte ich nicht gehen.« Wahre Karriere macht man auf dem Weg, der durch die wahre Einstellung zur Karriere gebahnt wird.

35 *Herzenskarriere machen*

Karriere – lange Zeit, über mehrere Generationen hinweg, war jedermann klar, was damit gemeint ist: Es ging um Geld, Macht und Einfluss. Für die meisten Menschen war die Karriere erst dann eine, wenn man all diese Faktoren unter einen Hut gebracht hatte, wenn man ganz oben auf der gern zitierten Karriereleiter stand. Doch irgendwann kann man das alles nicht mehr hören. Und dieser Zeitpunkt ist jetzt. Da haben wirtschaftliche Dellen oder gar ausgewachsene Krisen, tiefere Gedanken über unsere Gesellschaft und die Umwelt und die verstärkte Frage danach, warum wir das alles tun, was wir tun (siehe Kapitel »Sinn finden«, Seite 140) dann doch sogar ihr Gutes. Im schönsten aller denkbaren Fälle wird »Karriere« einfach neu definiert. Hier das Plädoyer dafür: Sie ist nicht mehr die des Geldbeutels, sondern die des Herzens!

Zum Beispiel können wir hieran etwas ändern, wenn es bei Ihnen so sein sollte: Anzug und Krawatte, steif im Konferenzraum sitzen und Rückenschmerzen bekommen, wahlweise am Burn-out- oder am Bored-out-Syndrom leiden und sich jeden neuen Tag darüber freuen, dass die Rente einen Tag näher rückt. Sind Sie dafür angetreten? Haben Ihre Eltern Sie dafür jahrelang auf die Schule, in die Lehre, auf die Uni geschickt? Hauen Sie dafür werktags morgens dreimal auf den Wecker und schälen sich schließlich raus aus dem Bett? Nur damit zwischen den Business-Klamotten und den ganzen Schmerzen, den Syndromen und der Rentenvorfreude die Küchenzeile etwas teurer sein darf, mehr PS unter der Motorhaube stecken und die Urlaubsflüge weiter weg gehen? Wo bleibt es aber, dieses Ihr Herz? Auf der Strecke, wenn Sie nicht aufpassen. Und das auch, wenn Sie nicht in einem Büro arbeiten, aber Ihr Job für Sie eben nicht der richtige ist.

Auf die Frage, was sie einmal werden möchten, antworten die meisten jungen Menschen, dass sie keinen Bürojob wollen. Später starren die meisten doch erst zum Fenster raus, dann in den Gummibaum und in den Computer; und wieder von vorn. Warum? Weil es halt so ist. Dann muss es eben ohne Herz gehen, klappt bei den anderen ja auch. Man vertieft sich in die berufliche Laufbahn und zappelt jahrelang auf der Karriereleiter im Radfahrerprinzip: nach oben buckeln, nach unten treten. Der Blick wird zum Tunnelblick. Man sieht nur das einmal gesteckte Ziel, ohne einen Gedanken darüber, ob es noch das einzig wahre ist. Soziale Kontakte und Hobbys bleiben oft auf der Strecke, der Mensch wird schnell einsam und krank.

Dagegen Herzenskarriere machen: Es ist so einfach und heißt nichts anderes, als dieses lebenswichtige Organ in eben dieses wichtige Leben, in alle kleinen und großen Entscheidungen einzubeziehen. Wenn es besonders stressig zu werden droht, lautet die schlichte Frage: Will ich das wirklich? Entspricht es meiner Berufung (mehr dazu im Kapitel »Berufung finden«, Seite 151), oder bin ich vom rechten Weg abgekommen und drohe, in den Graben des Lebens zu fahren? Dann lieber mit der Entscheidungskraft des Herzens einen Gang zurückschalten und mit der Motorbremse um die Kurve. Nur, wie gelingt Ihnen das? Der an sich befremdliche Drogen-, Gewalt- und Sex-Rapper Sido bringt es gut auf den Punkt: »Du musst auf dein Herz hör'n.«

Jede Entscheidung, die man mit dem Herzen trifft, ist eine richtige Entscheidung. Auch wenn sich später herausstellen sollte, dass sie den Weg steiniger und nicht einfacher gemacht hat, wird es ein Lernprozess gewesen sein, aus dem man selbst als Gewinner hervorgegangen ist. Geben Sie also Ihrem Herzen eine Stimme. Sie sorgt dafür, dass Sie nicht allein Vernunftmaßstäbe anlegen und damit eindeutig zu kurz springen. Solche rationalen Kriterien können sich zwar wunderbar logisch anhören, aber ganz speziell für Sie ganz miserabel anfühlen. Wirklich stimmige Entscheidungen fällen Sie also nicht mit Intelligenz, sondern mit *emotionaler* Intelligenz. (Was für ein kleiner, aber riesiger Unterschied!) Mit etwas Übung hören Sie Ihre innere Stimme immer dann, wenn Sie sich vor einer wichtigen Entscheidung einige Mußeminuten nehmen. Dann wird es passieren, dass die Stimme ganz leise sagt: »Tu es – es fühlt sich wirklich gut an!« Oder sie sagt ganz laut: »Tu es nicht, Du wirst unglücklich werden!«

Herzensentscheidungen sind nicht nur ratsam, wenn es um das ganz Große geht, zum Beispiel um die Frage, ob ein eher musisch begabter Mensch das Ingenieurbüro der Eltern übernehmen soll. Vielmehr geht es auch um kleinere und mittelgroße Entscheidungen: zwei Jahre ins Ausland, montags bis donnerstags im Hotel wohnen, die Beförderung überdenken, sich selbstständig machen, ab jetzt freitags frei haben und so weiter. Gewiss ist immer eines: Welche Entscheidung Sie auch treffen – sie hat ihren Preis. Schön ist es dann, wenn Sie diesen Preis mit Herzblut bezahlen und Glücks-Nuggets dafür bekommen.

Ihr Herz und seine innere Stimme schulen Sie nicht, indem Sie Pro-und-contra-Listen anfertigen oder fortwährend andere Leute fragen. Vielmehr braucht es dafür Eigenzeit, die Sie dazu verwenden, in sich hineinzuhorchen. Auch auf die Gefahr hin, dass Sie es nicht mehr hören können: Wunderbar geeignet sind die einschlägigen Zaubermittel Meditation, Laufen, Schwimmen, Yoga, Tai Chi, autogenes Training und so weiter. Nun geht

»Glück ist für mich, mit den
Menschen zusammen zu sein,
die ich liebe, und das zu machen,
was ich liebe.
Das kleine Glück kann man
in jedem Augenblick finden.«

Andrea Sixt, 51, Drehbuchautorin, München

es darum, dass Sie tatsächlich regelmäßig etwas für Ihr Wohlbefinden tun und damit für dieses eine, ganz besonders sensible Ohr, das Ihrem Herzen die Möglichkeit gibt, mit Ihnen zu sprechen, sich bemerkbar zu machen. Dann kann das Herz die Sache mit Hirn und Hand unter sich ausmachen, und es ist sichergestellt, dass es nicht nur um schneller, höher, weiter geht – sondern um Ihre Herzenskarriere.

Übrigens: Auch zu diesem Thema gibt es unzählige Zitate berühmter Herrschaften, die jeder für sich im Leben ganz bestimmt auch den einen oder anderen Irrweg beschritten haben. Stellvertretend für alle hier der Schriftsteller Aldous Huxley: »Es gibt Leute, deren Herzen gerade in dem Grad einschrumpfen, als ihre Geldbörsen sich erweitern.« Helfen Sie mit, dass die Herzensgröße zuerst kommt! Dann können die Geldbörsen ja nachwachsen.

36 *Berufung finden*

Vielleicht üben Sie einen der Berufe aus, von denen man landläufig sagt, dass man dazu berufen sein muss: Arzt, Lehrer, Polizist, Feuerwehrmann, Hebamme, Politiker, Koch; so etwas in der Art. Da schwingt beim Ratschen in der Kaffeeküche ganz gern neben der allgemeinen Bewunderung unterschwellig die Behauptung mit, dass man in einer derartigen Arbeit nur dann wirklich gut sein könne, wenn die Berufung mit so hochtrabenden Begriffen wie Commitment, Leidenschaft und Hingabe – und vor allem dem, was dahintersteckt – gefüllt sei. Dagegen nimmt niemand ernsthaft an, dass sich der Sachbearbeiter in der vorbereitenden Buchhaltung schräg gegenüber auf dem Flur zu seiner PC-Plackerei berufen fühlt. Und wer ist schon aus Commitment, Leidenschaft und Hingabe seit 23 Jahren Nachtschicht-Busfahrer auf der Linie 108? Kommt es zu einem solchen Thema, ist der Kaffeeküchenratsch flugs beim nächsten: Ist es denn wirklich so, dass der eine Beruf so viel Berufungsmehrwert hat als der andere? Wer bestimmt das, und vor allem, was sollten Sie daraus machen?

Zur Beantwortung dieser schwierigen Frage ist es zunächst notwendig, einmal auszuloten, was die Berufungsberufstätigen Ihnen (angeblich) voraushaben. Oft liegt der Unterschied in der intensiven Beschäftigung mit der Tätigkeit vom ersten Tag der Ausbildung oder des Studiums an und sogar schon weit zuvor. Angehende Ärzte, Lehrer und Polizisten müssen sich sehr früh und tiefgründig mit den Facetten und Dimensionen ihres Wunschberufs auseinandersetzen. Sie fangen nicht »einfach so« mal an, und man schlittert auch nicht so nebenbei hinein. Zum Beispiel bekommt es der Mediziner sehr früh mit Dingen zu tun, vor denen wir anderen uns so lange hüten, wie es eben geht: Krankheit, Siechtum, Tod. Der Polizist lernt sich und seine Abgründe ähnlich früh sehr gut kennen. Dafür gibt es psychologische Tests und Schulungen, schließlich soll er einmal eine geladene Waffe tragen. Beim Politiker ist es die ewige bierzelttaugliche Volksnähe, beim Koch sind es die unmöglichen Arbeitszeiten und -bedingungen, die im Vorfeld bedacht und abgewogen werden müssen. Das führt zur rechten Zeit zur entscheidenden Frage: Will ich diesen Beruf tatsächlich ergreifen?

Was können Sie nun tun, wenn es für Sie und diese Frage schon ein bisschen spät ist und Sie sich irgendwo dort wiedergefunden haben, wohin Sie – wenn Sie das früher gewusst hätten – ganz bestimmt nicht wollten? Machen Sie aus Ihrem – vielleicht sogar ziemlich späten – Streben nach Berufung, was Sie aus tiefstem Herzen daraus machen wollen. Ganz ohne Rücksicht auf das, was andere in Ihrer Angelegenheit für opportun halten. Schließlich ist es auch für Sie erstrebenswert, so etwas wie Ihre ganz eigene Berufung zu haben. Dem Berufenen schlägt keine Stechuhr-Stunde, nur das Herz. Und das deutlich höher, wenn er mit sich und seinen sieben Arbeitssachen sein darf. Gehalt? Ach ja, das gibt's ja auch noch! Sehr beruhigend: Ihre Berufung ist genau die, die Sie spüren. Erlaubnisgeber für eine krude Einstellung zur Berufung ist der Schriftsteller Georges Simenon, Erfinder des Kommissar Maigret und Verfasser von etwa 400 Romanen: »Schreiben ist kein Beruf, es ist so etwas wie eine Berufung zum Unglücklichsein.« Wenn das so war, weshalb arbeitete er dann nicht einfach wie vorher als Sekretär und Reisebegleiter? Könnte man ihn das noch fragen, er würde vermutlich auflachen und sagen, dass die so traurige Berufung des Schriftstellers nun eben mal die seine sei. Für die Berufung gibt es keine Norm, kein Besser und kein Schlechter, nur eben dieses eindeutige unersetzbare Gefühl. Der eine hat es, der andere nicht.

Wie Sie zu diesem Gefühl kommen, das sich einstellt, wenn man sich ganz seiner Berufung widmen kann, halten Sie einen Moment inne und fragen Sie sich: Bin ich glücklich in meinem Beruf? Gibt es etwas, was ich lieber machen würde? Hören Sie dabei auf Ihre innere Stimme: »Freiheit ist mir im Zweifel wichtiger als Sicherheit«, sagt die Berufungsexpertin Nummer eins Dr. Petra Bock über sich selbst und ihren Antrieb. Die Antwort wird noch klarer, wenn Sie sich in Ihre Kindheit zurückversetzen. Was wollten Sie werden, als sie in der Grundschule waren? Sicherlich haben Sie in die Poesiealben der anderen bei »Traumberuf« im schönsten Füller-Königsblau etwas ganz anderes geschrieben, als Sie heute sind. Wenn Sie schon damals Lokomotivführer werden wollten und heute tatsächlich bei 300 km/h ganz vorn sitzen, klopfen Sie sich ruhig auf die Schulter: Sie brauchen zu Ihrem Glück keine elektrische Eisenbahn im Keller! Sie haben bereits jetzt etwas erreicht, wonach andere ihr ganzes Leben streben – Glück und Erfüllung im Arbeitsalltag. Sollten Sie jedoch zu der riesengroßen Mehrheit derer gehören, die einen ganz anderen als ihren Traumberuf ergriffen hat, fragen Sie sich nach dem Warum: Wollten Sie nicht Tierarzt, Reporter, Feuerwehrmann werden? Jetzt sitzen Sie im Büro, wässern den Gummibaum und ärgern sich über die Kollegen, den Computer und das miese Beilagen-Buffet in der Kantine.

Nehmen Sie ein Blatt Papier und notieren Sie, was Sie eigentlich werden wollten, und zwar Ihre drei absoluten Top-Hits, dabei dürfen Sie auch richtig schön spinnen: Schauspieler, Sängerin, Tigerdompteur, Sternekoch … Schreiben Sie daneben, welche Qualifikationen Sie mitbringen müssten, um in diesen Berufen erfolgreich zu sein. Was müsste vorhanden sein, was könnten Sie nachträglich erlernen? Die Sängerin sollte von Natur aus eine exquisite Stimme haben, außerdem den natürlichen Drang dazu, sich vor anderen Menschen zu exponieren. Zudem ist ein dem westlichen Schönheitsideal grundsätzlich nahe kommendes Äußeres von Vorteil, ebenso hohe Belastbarkeit in der Ausbildung und später im Beruf und absolute Bereitschaft für ein Leben aus dem Koffer. Natürlich auch die unbedingte Liebe zur Musik. Erfüllen Sie all diese Faktoren? Dann stehen die Chancen gut, dass Sie tatsächlich Sängerin werden. Natürlich nur mit viel harter Arbeit, Fleiß und Disziplin. Ach, dann lieber doch nicht? Dann ist es ja gut. Machen Sie das Gleiche mit den anderen beiden vermeintlichen Berufungs-Highlights. Reflektieren Sie, und stellen Sie sich wirklich in der Rolle Ihres Traumberufs vor. Es kann gut sein, dass er auf Ihrer Liste steht und die näheren Überlegungen erst recht dazu führen, dass Ihr Herz sich berufen fühlt. Das Gute am Verschriftlichen ist immer, dass Sie überlegenswerte ganz persönliche Fakten schaffen und sich nicht im stimmungsschwankungsvollen »hätte, könnte, würde« ergehen.

Nehmen Sie nun ein zweites Blatt. Schreiben Sie ganz oben dick und fett das hin, was Sie tatsächlich tun. Und beantworten Sie wie auf dem ersten Blatt folgende Fragen: Was müssen Sie auf der einen Seite wirklich dafür mitbringen, ihn auszuüben? Und was haben Sie auf der anderen Seite tatsächlich zu bieten? Schreiben Sie noch mehr auf: Welche Vorteile und welche Nachteile hat Ihr Job? Was würde Ihnen fehlen, wenn Sie ihn nicht mehr machen dürften? Was haben Sie von Ihrer Arbeit – außer Geld – an Fertigkeiten, was bietet sie Ihnen an Kontakten, Beziehungen und Erlebnissen? Notieren Sie einfach alles, was Ihnen einfällt. Anschließend vergleichen Sie beide Blätter miteinander. Daraus ergibt sich schnell Ihre wahre Einstellung zum

Sein, also gegenüber dem, was Sie ganz greifbar hassen oder lieben können. Zusätzlich gewinnen Sie einen griffigen Eindruck vom Schein; davon, was Sie haben könnten, wenn Sie nur wollten und es auch täten. Das Ergebnis ist oftmals ganz erstaunlich: »So schlecht ist das, was ich tue, eigentlich gar nicht.« »Ich kann ganz zufrieden sein mit dem, was ich habe.« Machen Sie nun das, was dazu fehlt, Ihr schweres Schicksal anzunehmen: Streichen Sie in diesen beiden Sätzen die Wörter »eigentlich« und »ganz«; positivieren (»Was ich tue, ist wunderbar.«) und aktivieren Sie (»Ich bin zufrieden mit dem, was ich habe.«). Das ist der Anfang Ihrer ganz eigenen Ich-mach-meine-Welt-wie-sie-mir-gefällt-Berufung (siehe das gleichnamige Kapitel, Seite 131). Nun bleiben Sie Controller und machen Ihren Job zum schönsten Controller-Job auf der ganzen Welt. Sie bleiben im Außendienst für Bauchemie und beginnen ihn zu lieben, weil es nichts Besseres für Sie gibt. In Ihrer Freizeit nehmen Sie Gesangsstunden und singen in einigen Jahren semiprofessionell nebenbei. Sie machen bei einer Laien-Spielgruppe mit und treten bald im besten Kellertheater der Stadt auf oder gehen in die großen Zirkusse und fiebern mit den weltbesten Tigerdompteuren um die Wette.

Falls Sie tatsächlich finden, dass die Poesiealben aus der Grundschule recht haben mit dem, was Sie damals geschrieben hatten: Tun Sie es einfach! Folgen Sie Ihrer Berufung. Ihrem Traumberuf steht nichts im Wege, wenn das Ziel in jeder Hinsicht realistisch, angepasst an Ihre Situation und geplant erreichbar ist. Dann benötigen Sie klare kurz-, mittel- und langfristige Teilziele sowie die entsprechenden Maßnahmen, um sie zu erreichen, den genauen Bauplan für Ihr schönstes Berufungsgefühl. Der Weg dahin wird ganz gewiss Energie, Schweiß, Blut, Tränen, Zeit und Geld kosten. Sagen Sie später nicht, Sie

»Es ist eine große Freude, meine Leidenschaft für Kunst zu teilen und in den Augen der anderen einen Funken des Feuers zu sehen, das in mir brennt. Jemandem etwas zu geben, ist ein Geschenk und Kunst Nahrung für die Seele.«

Claire Oliver, 43, Galeristin, New York

hätten es nicht gewusst! Es gibt die vorbereitende Buchhalterin, die sich den Traum vom eigenen Weinladen mit Gastronomie erfüllt hat. Und es gibt die Weinhändlerin, die gottesfroh ins Büro geflüchtet ist. Es gibt den spät berufenen Sänger, der sein Glück im Leben aus dem Koffer gefunden hat. Und es gibt den studierten Geiger, der »muy contento« mit seiner Frühstückspension auf Mallorca ist.

37 *Neues wagen*

Es kickt, berauscht, beglückt das Gefühl, wenn wir nach langem Suchen endlich die Lösung eines Problems gefunden haben. So muss es auch dem bedeutendsten Mathematiker der Antike Archimedes vor über 2000 Jahren ergangen sein: In der Badewanne entdeckte er das so genannte Archimedische Prinzip, das den Auftrieb von Körpern im Wasser erklärt. Der Mann war derart froh darüber, dass er »Heureka!« (»Ich hab's!«)

rufend durch die Stadt Syrakus lief; und zwar so, wie ihn die Natur erschaffen hatte. Was Archimedes in der Wanne erfuhr, ist Inspiration. Sie ist der Stoff, aus dem Ideen sind. Wir brauchen sie in den unterschiedlichsten Situationen, auf der Suche nach einem knackigen Einstieg für eine wichtige Präsentation, für einen neuen Impuls im Job und für die große Eingebung, wie es im Leben weitergehen soll.

Der kalifornische Psychologe und Kreativitätsforscher Mihaly Csikszentmihalyi schreibt, dass Kreativität »sich oft an Schnittstellen verschiedener Kulturen, wo Überzeugungen, Lebensweisen und Erlebnisse zusammentreffen und dem Einzelnen die Möglichkeit geben, neue Ideenkombinationen leichter wahrzunehmen«, entfaltet. Herausgelöst aus dem Alltag sind unsere Sinne dank des Hormons Dopamin geschärft, wir sind offener und bewusster in der Wahrnehmung. So hatte die Harry-Potter-Erfinderin Joanne Rowling auf einer Zugfahrt von Manchester nach London die Eingebung, ein Buch über eine Zauberschule zu schreiben; der amerikanische Pop-Art-Künstler Ed Ruscha findet seine Bildideen in der Deutung staubiger Ränder der Highways. Für viele Kreative sind Städte ein unendlicher Lieferant an inspirierendem Input. Nicht umsonst tun sich Trendscouts besonders gern in New York, Paris, London und Tokio um. »Grundsätzlich gilt es, überall zu sammeln«, erklärt der Barceloneser Modeschöpfer Custodio Dalmau und vergleicht seine Inspirationsarbeit mit einem Schwamm: »Überall saugst du Dinge auf, egal ob du auf Ausstellungen oder im Kino bist oder durch die Welt reist.« Nutzen Sie auch diese Erkenntnisse und verlassen Sie, so oft es geht, die üblichen Gedankenpfade, um neue Impulse für sich selbst und Ihre Arbeit zu erhalten.

Kreativitätsforscher raten dazu, zehn Prozent seiner Arbeitszeit in kreative Spinnzeiten zu stecken. Das gelingt so ausführlich nicht immer, aber Sie könnten mit dem Das-Neue-Wagen schon auf dem Weg zur Arbeit beginnen. Gewöhnen Sie sich an, öfter bewusst einen anderen Weg zu nehmen. Fahren Sie ab und zu mit dem Fahrrad, dem Bus, der Bahn. Statt zu Hause zu frühstücken, nehmen Sie ein Croissant und einen Cappuccino unterwegs, in dem ungewöhnlichst anmutenden Café, das am Wegesrand auftaucht. Denn das schärft auch Ihre Sinne, macht oder erhält Sie offen für neue Ideen. Dann sind Sie nicht im Autopilot-Modus unterwegs, in den man nun mal gerne schaltet, wenn alles ist wie immer.

Hören Sie im Auto Hörbucher, lassen Sie sich die interessantesten Artikel aus der *Frankfurter Allgemeinen Zeitung* vorlesen (den Service bieten auch andere Zeitungen an), und machen Sie en passant einen Kurs in Ihrer Lieblingssprache – jeden Morgen ein paar Häppchen, bis es eines Tages reicht für die brasilianische Völkerverständigung in Landessprache. Variieren Sie auch Ihr Mittagsritual: nicht jeden Tag in die Kantine, sondern lieber hinein ins Leben. Es gibt mittlerweile tatsächlich Bäcker, bei denen man wirklich leckere Brötchen-Kunstwerke bekommt, und die schmecken auf den Stufen geschichtsträchtiger alter Bauwerke, im nahen Park oder im Innenhof des Museums noch mal so gut. Das bringt Sie auf neue Gedanken und hilft Ihnen beim Lösen kleiner wie großer Denkherausforderungen. Schließlich entstehen 80 Prozent aller Ideen überall, nur nicht am Schreibtisch. Daher sollten Sie auch auf Messen schauen, und zwar regelmäßig. Ist zwar überaus anstrengend, doch sind die neuen Eindrücke in dieser geballten Form nur hier zu bekommen. An solchen kulturellen Schnittstellen läuft das Denken so viel einfacher und klarer ab als im Büro. Das gilt auch für Kongresse und Seminare, wenn Sie sie mit Bedacht auswählen.

Um in seinem Büro ideal neu denken zu können, hat sich

Klaus Kobjoll, Management-Berater und Chef des vielfach ausgezeichneten Hotels Schindlerhof in Nürnberg-Boxdorf, etwas ganz Eigenes ausgedacht: Er legte drei Ecken fest, in denen er mit seinen Mitarbeitern Ideen 1. ersinnt, 2. ausarbeitet und 3. kritisiert. In diesem »Dreamer Space« ist die Ausarbeitungsecke mit Flipcharts, Millimeterband, Packpapier, Pinnwänden, Blöcken, Bleistiften ausgestattet, und in der Kritikecke steht eine Warnleuchte für den Worst-Case, der hier enttarnt wird. Welche Hilfsmittel nähren Ihren Kreativprozess, welche Ecken benötigen Sie?

Was für Ihren Job gilt, gilt auch für Ihr Leben: Bleiben Sie offen und seien Sie mutig für Veränderungen (siehe auch Kapitel »Ziele erreichen«, Seite 160). Nur wenn Sie mit Gewohnheiten brechen, sehen Sie den Alltag mit anderen Augen, erhalten Sie kreative Impulse und bereichern Ihr Leben. Dies mit dem Ziel, sich immer wieder selbst zu überraschen, dem Althergebrachten den Rücken zuzuwenden, verkrustete Ansichten zu überdenken und die Tapete im Kopf zu wechseln, Konventionen zu überwinden und Regeln zu brechen, um neue Sichtweisen zu gewinnen und neue Freude zu spüren, spontan zu sein und neugierig zu bleiben.

Um Neugier zu fördern und Neues zu probieren, rät der Kreativitätsforscher Csikszentmihalyi zu folgender Haltung:

- Versuchen Sie, jeden Tag über etwas erstaunt zu sein.
- Versuchen Sie, mindestens einen Menschen pro Tag in Erstaunen zu versetzen.
- Schreiben Sie täglich auf, worüber Sie erstaunt waren und wie Sie andere Menschen in Erstaunen versetzten.

Wenn Sie einen Funken Interesse verspüren, folgen Sie diesem Gefühl und lassen Sie sich in neue Welten entführen.

38 *Ziele erreichen*

Für den Fußballer ist es das Tor, für den Bogenschützen die Zielscheibe, für den Bergsteiger der Gipfel und für den Segler sein Land in Sicht – das Ziel. Ziele braucht nicht nur der Sportler, sondern brauchen auch Sie beim Meistern Ihres Lebens, damit es Ihnen nicht ergeht wie der Romanfigur Oblomow, die ihr Leben antriebslos im Bett verbringt. Ziele sind Anker, ob wir den nächsten Karriereschritt anpeilen, unser Netzwerk ausbauen oder einfach mehr Zeit für uns haben wollen. Ohne Ziele fühlen wir uns steuerlos, treiben dahin und finden keinen rechten Sinn in unserem Leben. Finden Sie daher heraus, was Sie wirklich antreibt, und leiten Sie aus dieser Mission Ihre Ziele ab. Am erfolgversprechendsten und bereicherndsten sind solche Ziele, die Sie wirklich und von Herzen attraktiv finden. Sie gilt es in den Blick zu nehmen und konsequent zu verfolgen.

Setzen Sie sich konkrete Ziele – kurzfristige, mittelfristige und langfristige. Die Kraft liegt nicht nur in der Ruhe, sondern in diesem Fall vor allem in der Kontinuität! Sorgen Sie dafür, dass Ihre Ziele all das haben, was nötig ist, um sie zu verwirklichen; also nichts Utopisches und Schwammiges. Stattdessen sollten sie klare Visionen herunterbrechen und griffig machen. Um zu überprüfen, ob ein Ziel erreichbar ist, wenden Sie die SMART-Regel an. Sie setzt sich aus fünf Faktoren zusammen:

- Spezifisch: Was habe ich vor?
- Messbar: Was will ich wie erreichen / wie verbessern?
- Angepasst: Wie ist das Umfeld?
- Realistisch: Wie ist die Situation?
- Time-bound (zeitgebunden): Bis wann will ich das Ziel erreichen?

Ein »smartes« Ziel ist zum Beispiel: »Ich will in zwei Jahren Abteilungsleiter sein. Dafür nehme ich in Kauf, dass ich montags bis donnerstags nicht vor 20 Uhr heimkomme und am Wochenende vier Stunden zu Hause arbeite. In dieser Zeit gehe ich nur einmal die Woche zum Tennis und nur jedes zweite Wochenende auf die Flohmärkte, die ich so gern besuche. Außerdem werde ich darauf drängen, dass ich in drei Monaten einen Assistenten habe, der mir so viel vom Alltagsgeschäft abnimmt, dass ich mich ganz auf mein großes Ziel konzentrieren kann.« Dieses Ziel ist spezifisch (Abteilungsleiter), messbar (tatsächlich befördert), angepasst (längere Arbeitszeit und Wochenendarbeit), realistisch (Entlastung durch Assistenten, weniger Hobbys), zeitgebunden (in zwei Jahren). Zum Vergleich zwei Beispiele von Zielen, die nicht »smart« sind:

Beispiel 1: »Ich muss bis Ende des Jahres bei der Projektbearbeitung weniger Fehler machen.« Dieses Ziel ist zwar spezifisch (bei der Projektbearbeitung) und zeitgebunden (bis Ende des Jahres), aber weder messbar (wie viele Fehler sind es jetzt pro Projekt, wie viele sollen es höchstens sein?) noch angepasst (welche Arbeitsmittel wie zum Beispiel Kontrollinstrumente und Kollegen nehme ich zu Hilfe?) und damit auch nicht realistisch.

Beispiel 2: »Ich will mehr Netzwerkpartner haben.« Dieses Ziel ist zwar leidlich realistisch (mehr Netzwerkpartner), aber nicht spezifisch (was ist für mich ein Netzwerkpartner?), nicht messbar (wie viele Netzwerkpartner?), nicht angepasst (welche Aktivitäten sind in welchem Umfeld geplant?) und nicht zeitgebunden (bis wann?).

Jetzt geht es an die Umsetzung. Damit Sie Struktur und Verlässlichkeit in Ihre Ziele und damit Ihre Pläne kriegen, gilt: Tun Sie es schriftlich, sonst – und das ist unsere ganz natürliche Neigung – drehen Sie sich wie das Fähnchen im Wind. Viel lieber wollen Sie aber dem Wind sagen, woher er zu wehen hat – und vor allen Dingen wohin. Dafür gibt es Ihren »persönlichen Entwicklungsplan«. Er sorgt dafür, dass Sie sich bei Ihrer Zielumsetzung unabhängig machen von Stimmungslagen und Wankelmut, gefeit sind vor dem inneren Schweinehund und das große Ganze nicht aus den Augen verlieren. Sie packen es an, und Sie tun jeden Tag etwas dafür, dass es wahr wird. Wie und wo Sie ansetzen, legen Sie in Ihrem Entwicklungsplan fest.

Verfassen Sie Ihren persönlichen Entwicklungsplan – mit kurzfristigen Zielen (sofort bis in sechs Monaten), mittelfristigen (in sechs Monaten bis zwei Jahren) und langfristigen (in zwei bis fünf Jahren). Damit Sie Ihre großen Ziele und Visionen erreichen, dazu bedarf es häufig vieler kleinerer Maßnahmen, also Teilzielen. Ganz wichtig: Diese Teilziele müssen wie die großen Ziele SMART sein. Fragen Sie sich nach dieser Regel wieder: Was will ich erreichen? Was muss ich tun, damit ich das tatsächlich erreiche?

Lassen Sie sich bei der Umsetzung Ihrer Ziele von der Kraft der Bilder unterstützen. Malen Sie sich in den buntesten Farben aus, wie Ihr Ziel und Ihr Weg dahin aussehen können. Denn unser Gehirn funktioniert nicht abstrakt, sondern denkt in Bildern. Je genauer und lebendiger Sie ein Bild von dem zu erreichenden Ziel im Kopf haben, desto mehr wird Ihr Unterbewusstes Ihr Verhalten positiv beeinflussen und Sie zum Erfolg führen. Hochleistungssportler arbeiten sehr stark mit dieser Methode der inneren Bilder. Indem auch Sie Ihren genauen Weg zum Ziel mental durchspielen, motivieren Sie sich nachhaltig und stellen sich psychologisch geschickt auf den Zieleinlauf und damit auf Ihren Erfolg ein. Dass Sie dabei auch Niederlagen, besser gesagt Erfahrungen einstecken müssen, ist nicht ungewöhnlich. Auch werden Sie vermutlich nicht immer in

Topform sein und nicht unbedingt glatt und ohne Schwierigkeiten, Durststrecken und Umwege Ihr Ziel erreichen. Akzeptieren Sie Rückfälle. Der Erfinder der Glühbirne Thomas Alva Edison (aus dem Kapitel »Positive Lebenseinstellung«, Seite 20) hat nicht umsonst an die tausend Versuche gebraucht, um an sein Ziel zu gelangen, und diese Versuche als wertvolle Erfahrungen gewertet. Nehmen Sie sich ein Beispiel an ihm, und lassen Sie sich nicht von Ihrem Weg abbringen. Denn wie sagt der Chinese gern: »Umwege sind kein Rückschritte, sondern nur andere Wege in Richtung Ziel.«

Seien Sie nicht zu verbissen fokussiert auf Ihr Ziel und Ihren persönlichen Entwicklungsplan, sondern ergänzen und ändern Sie ihn je nach Fortschritt und je nachdem, was Ihnen im Lauf der Zeit wichtiger und weniger wichtig wird. Aber bitte evolutionär – mit Kraft und in Ruhe; also mit Kontinuität und Geduld. Und vergessen Sie nicht, auch den Weg zu Ihrem Ziel zu genießen, denn er ist ja nun einmal das Ziel, und das behauptet nicht nur Konfuzius. Daraus können wir viel Energie schöpfen und Freude erleben. Schließlich verbringen wir viel mehr Zeit auf unserem Weg als im Moment des Erreichens des Ziels. Nutzen Sie daher die Gabe, bewusst wahrzunehmen und zu genießen (siehe dazu Kapitel »Achtsam sein, denken und handeln«, Seite 25).

Der US-amerikanische Psychologe Mihaly Csikszentmihalyi regte im Interview mit einer amerikanischen Zeitschrift an, eine weitere Sache zu bedenken: »Mich hat immer wieder beeindruckt, wie viele Schachgroßmeister zusammenbrachen und sich in die verschiedensten Neurosen flüchteten, nachdem sie jeden potenziellen Gegner der Welt geschlagen hatten und es für sie absolut kein Ziel mehr zu erreichen gab.« So traurig, so wahr: Auf der persönlichen Ebene besteht die Gefahr, seine in-

*»Glück bedeutet für mich,
zufrieden und mit sich selbst
im Reinen zu sein; sich selbst
zu kennen, und zu wissen,
was man will.«*

Metaxia Mohr, 25, Lehramtsanwärterin, Frankfurt

dividuelle Entwicklung verkümmern zu lassen, so das Fazit des Experten. Setzen Sie sich daher nicht nur Ziele für Ihr berufliches Fortkommen, sondern denken Sie vor allem auch an Ihre Work-Life-Balance. (Lassen Sie sich in diesem Zusammenhang auch von den Kapiteln »Geistige Erbauung«, siehe unten, und »Herzenskarriere machen«, Seite 147, inspirieren.)

39 *Geistige Erbauung*

Überstunden ragen über die Arbeit hinaus, füllen Abende, verzerren die Work-Life-Balance. Sie nähren null Komma null, stattdessen führen sie – je häufiger sie anfallen – zur Überforderung. Sie schüren Unzufriedenheit und seelische Krankheiten. Nach Angaben des Instituts für Arbeitsmarkt- und Berufsforschung fielen im vergangenen Jahr zwei Milliarden Überstunden an – davon die Hälfte unbezahlt. Also: Statt Überstunden anzuhäufen, setzen Sie auf geistige Erfrischung und gönnen Sie sich wirkliche Seelennahrung. Dadurch fühlen Sie sich ausgeglichener, bereichern Ihr Leben und bleiben geistig rege. Auch wenn es so schrecklich banal klingt: Das gelegentliche Feierabendbier mit den Kollegen hat seinen tiefen Sinn. Die Spanier kultivieren diesen Brauch wundervoll, wenn sie nach der Arbeit auf eine Runde Pinchos gehen. Das sind dünne Weißbrotscheiben, mit Thunfisch, Wurst und Käse belegt, zu denen sie mit einer »Cerveza« den Tag Revue passieren lassen.

Wenn Sie nicht wirklich mit Kollegen losziehen wollen, und das kommt ja vor, lassen Sie sich stattdessen für den Feierabend vom Kulturprogramm Ihrer Stadt inspirieren. Wenn Sie sich etwas Schönes aussuchen und tatsächlich hingehen, stehen die Chancen gut dafür, dass Sie sich, wie Pablo Picasso es ausdrückte, »den Staub des Alltags von der Seele waschen«. Dafür reicht eine halbe Stunde durchaus. Für diese Reinigung kann eine Vernissage, das Planetarium, ein neuer Laden oder ein neues Lokal oder die in Ruhe aufgesuchte Buchhandlung der richtige Ort sein.

Die Wiener Kreativitätsexpertin Anja Ebertz rät, es sich zur Aufgabe zu machen, jeden Monat ein anderes Schwerpunktgebiet zu erobern. Das kann eine Mußeaktivität wie Fliegenfischen oder Slacklining (ausdrucksstarkes Seiltanzen knapp oberhalb der Grasnarbe zwischen zwei Bäumen) sein; oder etwas, das mit den alten Ägyptern, den Wikingern, Frida Kahlo oder Mozart zu tun hat. Fragen Sie sich, wer Ihr Vorbild sein könnte, und lesen Sie ihre oder seine Biografie. Vertiefen Sie sich in einen Teilbereich der Geschichte, lesen Sie über Friedrich den Großen, über unsere Urahnen, die Germanen, die Geschichte Chinas. Vervollständigen Sie Ihre Studien wie einen spannenden Fortsetzungsroman.

Ebenso sind Entdecker und Forscher wie Leonardo da Vinci, Marco Polo und Alexander von Humboldt beste Kandidaten dafür, sich mit Denkstilen und Epochen auseinanderzusetzen, genau wie Nobelpreisträger wie Marie Curie oder Philosophen wie Immanuel Kant und Friedrich Nietzsche oder die Weisheitslehrmeister Konfuzius und Laotse. Das Nachsinnen über deren Gedanken und Theorien macht allein bereits viel Spaß und gemeinsam doppelt und dreifach. Nehmen Sie Ihren Lebenspartner mit zum Abendkurs »Die Philosophen des Altertums« oder »Jean-Paul Sartre und der Existenzialismus« oder »Zen-Buddhismus« oder, oder, oder. Bessern Sie gemeinsam Ihr Englisch auf, oder gehen Sie Tango tanzen. Treffen Sie sich nach der Arbeit auf einen Aperitif, und gehen Sie anschließend in eine Lesung, ins Theater oder ins Kabarett. Tun Sie nicht alles auf einmal, aber tun Sie etwas: Kaufen Sie Karten für eine Darbietung im Sufitanz, für einen indischen Folkloreabend, für einen Abend mit Gedichten von Dschela ed-Din Rumi, für ein total experimentelles Theaterstück oder das Rockkonzert der Langhaarigen aus Ihrer Jugend. Falls Sie während der durchaus skurrilen Veranstaltung merken, dass das gar nichts ist für Sie – aufstehen und gehen; ist alles andere als verboten, nächstes Mal wird's ganz bestimmt ein Highlight!

Wenn Sie tief im Herzen ein geselliger Mensch sind, überlegen Sie mit Ihrem liebsten Mitbewohner, ob Sie die geistige Erbauung größer aufziehen und zu Soireen einladen. Das sind Abendanlässe, die im 19. Jahrhundert geprägt wurden und damals ihren Weg aus den Königs- und Herrscherhäusern in die bürgerliche Gesellschaft fanden. Wählen Sie das Thema, und laden Sie dazu eine kleine Zahl ausgewählter Menschen zu sich nach Hause ein, die spannungsträchtige Gespräche versprechen. Dann liest ein Schriftsteller aus seinem neuen Buch, ein ausgewiesener Experte spricht über sein Fachgebiet, der meisterliche Geiger oder die Gruppe südamerikanischer Percussionisten (sie sind Ihnen in der Fußgängerzone aufgefallen) spielen auf. Dazu gibt es gewürfelten Bergkäse, wundervolles Brot und einen ordentlichen Riesling. Und dann muss jeder der Gäste dafür sorgen, dass er zu etwas kommt. Sie kommen bestimmt zu etwas – zu geistiger Erbauung.

40 *Kraftplätze aufsuchen*

Stellen Sie sich vor: Sie sind draußen unterwegs, in der Natur oder in der Stadt, und halten plötzlich inne, verzückt von der Ausstrahlung einer Allee, einer Lichtung, eines Platzes. Sie fühlen sich auf einmal wie angekommen, gut aufgehoben, verweilen etwas. Was hat es mit diesem Ort auf sich? Was ist hier anders als anderswo? Der Schweizer Kraftortforscher Pier Hänni begründet das Phänomen mit dem Modell der Resonanz: »Die feinen Schwingungen des natürlichen Kraftfeldes«, schreibt er in seinem Buch *Wege zu Orten der Kraft*, »nimmt unser Organismus wahr, und sie stimmen ihn wieder auf seine Frequenzen ein. Durch die besonders energetischen Eigenschaften des Ortes werden Geist und Gemüt bewegt und angeregt.« Diesen Ruhe- und Kraftpol mit seinem einzigartigen Innovationscharakter versteht Hänni als »Genius Loci«.

Der Begriff stammt aus der römischen Mythologie. Er bezeichnet den Schutzgeist oder die Schutzgottheit eines Ortes, zumeist in Form einer Schlange dargestellt. Hänni erklärt das mit den schlangengleichen Häutungen, die Menschen an solchen Plätzen erfuhren und erfahren. Von der energetisierenden Wirkung tief beeindruckt, siedelten schon in der Antike Menschen an solchen Plätzen und nutzten sie für kultische Handlungen. Eine Tradition, die in den folgenden Jahrhunderten fortgeführt wurde, wie Opfergaben und Votivteile, aber auch Flur- und Ortsnamen zeigen. Orte mit den Vorsilben »Alt-/Old-/Olt-«, »Heid-«, »Heilig-«, »Lieb-« oder »Gros-« weisen auf Kult- und Kraftplätze hin. Auch nach der Christianisicrung wurden sie als heilige Orte verehrt, etwa um dort Kapellen und Kirchen zu errichten oder Gottesdienste abzuhalten.

Abhängig davon, welche der vier Elemente – Holz, Feuer, Erde, Wasser – unsere Ahnen verehrten, kommen Kultplätze vor allem hier vor:

- In oder bei naturnahen Wäldern, alten Bäumen, Orten üppiger Vegetation, etwa im Bereich von stark strahlendem Grundgestein oder geologischen Verwerfungen. Das ist guter Boden für Holunder, Mistel, Stechpalme und Tollkirsche, auch für Pflanzen und Sträucher, die in der Antike als heilig galten.
- Nahe bei Felsen, Höhlen, Steinblöcken, Schluchten.
- Auf Gipfeln, Hügeln, Graten, Hochebenenen, Naturterrassen.
- In oder bei Quellen, Bächen, Flüssen, Seen, Mooren und Auen.

Als Wassergeist, Elfe, Stier, Adler oder Leviathan fand das Wirken eines »Genius Loci« Eingang in die Märchen- und Sagenwelt, ebenso wie in die Malerei, die Dichtung und die Musik. Interessanterweise findet sich die Symbolik einer alles durchdringenden und gestaltenden Energie in vielen Kulturen wieder: In Polynesien spricht man von »Mana«, China kennt das »Qi«, die hinduistische Mystik das »Prana«. Sie alle beschreiben eine Energie, die besondere Kraft verleiht.

Zapfen auch Sie diese Energiequelle an: Fragen Sie sich, ob Sie vielleicht schon einen solch besonderen Ort kennen. Der kann Ihnen in der Nähe Ihres Büros aufgefallen sein (zum Beispiel an einem ruhigen Platz, auf den Stufen eines ehrwürdigen Bauwerks), auf Ihrem Weg durch einen nahe gelegenen Park (an einer bestimmten Bank, einem Rosenbusch, einem Flusslauf) oder auf einer Wanderung (eine Lichtung, eine kleine Kapelle mit einem Bänkchen davor). Sollten Sie noch keinen solchen Ort gefunden haben, gehen Sie zukünftig mit offenen Augen durch Ihre Stadt, Ihre nahe Umgebung. Zudem lässt sich auch Ihr Arbeitsplatz nach Meinung von Pier Hänni ohne viel Aufwand mit einem »Genius Loci« erfüllen. Stellen Sie frische Zweige und Blumen in eine Vase und integrieren Sie die vier Elemente: mit Kerzen, einem wohlgeformten Stein auf Ihrem Schreibtisch, einer Feder oder einem Tischbrunnen. Außerdem schaffen Sie hiermit gute Arbeitsenergie:

1. Achten Sie darauf, dass der Schreibtisch nicht in der Tür-Fenster-Linie steht. Denn das ist so, als würden Sie den ganzen Tag auf einem energetischen Highway arbeiten.
2. Sitzen Sie mit dem Rücken zur Wand, wenn möglich gen Norden oder Osten, und haben Sie die Tür Ihres Büros Blick.
3. Vermeiden Sie eine Wand oder hohe Regale direkt vor Ihrer Nase oder dicht an Ihrem Schreibtisch. Das blockiert Ihre Kreativität und Ihre Konzentration.
4. Verwenden Sie freundliche Symbole und ansprechende Farben und Formen; vermeiden Sie unruhige Muster.
5. Schließen Sie Elektrosmog so weit als möglich aus; lassen Sie Ihren Arbeitsplatz auf natürliche Störfaktoren wie Wasseradern überprüfen.
6. Schaffen Sie ein gutes Mikroklima, am besten durch rund-

blättrige Pflanzen. Grünlilie und Chrysanthemen zum Beispiel nehmen Giftstoffe auf und sorgen für eine gute Atmosphäre. Lüften Sie außerdem regelmäßig.

Jenseits all dieser Ratschläge rät Pier Hänni, jeden Tag eine Stunde in der freien Natur zu verbringen. Damit findet garantiert jeder seinen Kraftplatz und seine zündende Idee. Schließlich wissen wir aus der Kreativitätsforschung, dass die meisten guten Ideen außerhalb des Büros und weg von der Werkbank entstehen: »Für eine sinnvolle Innovation ist eine andere Umgebung notwendig, abseits der üblichen, ausgetretenen Pfade«, betont auch der amerikanische Kreativitätsexperte und Psychiater John Kao. Also: Raus in die Natur! Und wenn Sie tiefer in das Thema Kraftplätze einsteigen möchten, lesen Sie das Buch *Orte der Kraft. Magische Plätze in Deutschland* von Christopher A. Weidner.

41 *Stress managen*

Stellen wir uns Stress doch einmal personifiziert vor, ein Typ, vor dem wir sonst sofort Reißaus nehmen würden: knallroter Kopf, unreine Haut, hin und her glupschende Augäpfel, chronische Bewegungsallergie, dazu ein verschlagenes Dauergrinsen und dieses irre Auflachen. Also irgendwie unsympathisch, der Typ – braucht kein Mensch. Dabei wohnt so einer schon ewig auch bei Ihnen. Hat gar nicht gefragt, ob es Ihnen recht ist, zog einfach ein mit Sack und Pack. Im Gepäck sind Hektik, Panik und hoher Blutdruck, Aufputscher und Beruhigungsmittel, alkoholische Erfrischungen und Tabakwaren, dazu so ein lethargisches Unvermögen zum Abschalten von Mail- und Kurznachrichtenfunktionen an tragbaren elektronischen Hilfsmitteln. Der Typ kriecht abends immer mit unter die Decke und hindert Sie morgens am Aufstehen. Lässt sich zur Arbeit mitschleifen und sitzt am Schreibtisch auf Ihrer Schulter, während er Ihnen ins Ohr flüstert: »Du hast überhaupt keine Lust, aber du musst!« Oder: »Du bist so fertig, dass du nicht mal mehr in Urlaub willst!« Oder: »Nimm keine Rücksicht auf die Kollegen, den vakanten Posten auf Leitungsebene 1 schnappst du dir, und wenn es das Letzte ist, was du tust!«

Dabei – und das ist das Verrückte – ist der Typ doch ganz dufte, oder? Immerhin wird es ständig zitiert, ist wahnsinnig beliebt bei seinen Opfern – und bläst auch Ihnen ein, unersetzbar zu sein. Und dass Sie zwar durchaus anders könnten, wenn Sie nur wollten, aber – so ist das eben – natürlich nicht anders können, wenn die Welt nun einmal nicht vor die Hunde gehen soll. Denn, ja, Sie sind ihr Retter! Da müssen Sie ran, da müssen Sie durch! Und indem Sie mit all den widrigen Begleitumständen prahlen, machen Sie ordentlich Reklame für den Stress, und er wird immer noch berühmter und erfolgreicher. Der Stress vermarktet sich eins a, ehrlich gesagt, besser als Sie selbst!

Blödsinn! Schmeißen Sie ihn raus und wechseln Sie dann das Schloss aus. Dann kann er rütteln und betteln und sich wimmernd draußen vor der Eingangstür auf den Boden werfen, Sie bleiben hart – und werden dann auf einmal ganz weich, so wie Sie eigentlich wirklich sind. Okay, gelegentlich darf der Stresstyp seine neugierige Nase durch den Briefschlitz stecken, und dann prüfen Sie kritisch, ob er endlich zur Raison gekommen ist. Wenn das glaubhaft der Fall ist und Sie besten Gefühls von nachhaltiger Läuterung ausgehen dürfen, lassen Sie ihn ganz vorsichtig wieder herein. Ist halt so: Er gehört einfach zu Ihrem Leben dazu wie die Luft zum Atmen. Jetzt darf er auch wieder mitspielen. Aber jetzt ist er berechenbar, erziehbar, und Sie sagen, wo es langgeht mit ihm. Zwar sitzt er noch mit am Tisch, aber er klammert sich nicht mehr an Sie und zerrt nicht mehr so an Ihnen herum. Und wenn Sie ihn richtig zu nehmen wissen, vollbringen Sie zusammen mit diesem sympathischen Tunichtgut sogar kleine große Wunder. Die als »Dr. Stress« bekannte Expertin Sabine Schonert-Hirz rät denn auch dazu, sich den Stress zum Partner statt zum Feind zu machen. Denn »ohne Stress gäbe es kein Lernen, keine Weiterentwicklung, kein Glück!«, so ihre Meinung.

Stress ist bloß der knappe Ausdruck für ein komplexes System an biologischen Reaktionen im Körper, das dazu da ist, auf Gefahren in der Umwelt zu reagieren und die dann entstehenden problematischen Situationen zu lösen. Auf die Ausschüttung der Stresshormone Adrenalin, Noradrenalin und Cortisol reagieren wir mit gesteigerter Aufmerksamkeit und Leistungsfähigkeit. Unser Körper befindet sich dann in Alarmbereitschaft, und das war schon immer überlebensnotwendig. Auf diese Weise wurden bereits unsere frühen Vorfahren in konstruktive Panik versetzt, die sie dazu brachte zu fliehen oder anzugreifen und so ganz nebenbei das Überleben unserer Art sicherzustellen. Sie sehen: Stress ist tatsächlich gar nichts Negatives; negativ ist oftmals allein der Umgang damit. War früher der Säbelzahntiger eine Gefahr in der Umwelt – eine durchaus problematische Situation –, so ist es heute dieser verdammte Stau an dieser klitzekleinen, völlig unterdimensionierten Kreuzung, über die Sie jeden Morgen müssen. Dabei ist es bereits viel zu spät, und dieser stressige Chef wartet schon mit all diesen stressigen Kollegen in diesem stressigen Montagsmeeting. Aaarghh! Wo ist das Ventil? Im modernen Alltag ist man oft nicht mehr dazu in der Lage, Stress abzubauen. Es gibt kein Ventil: Frustriert ins Lenkrad beißen wandelt destruktive nicht in konstruktive Energie um wie das behende Weglaufen vor dem Säbelzahntiger.

Stress ist eine der Hauptursachen für vielfältige Erkrankungen mit unaussprechlichen Namen und sollte, wenn schon nicht vermieden, zumindest wohl dosiert konsumiert werden. Wenn wir nicht mehr dazu in der Lage sind, Stress abzubauen, richtet sich seine negative Energie irgendwann gegen uns selbst. Dann kommt das wirksame Stressmanagement ins Spiel. Es ist hilfreich, wenn die Selbstheilungskräfte des Menschen aufgrund der inneren und äußeren Belastungen nicht mehr dazu ausreichen, seine Gesundheit und seine Leistungsfähigkeit zu erhalten. In diesem Fall sorgt das richtige Stressmanagement dafür, zu einem Alltag und vor allem zu einer beruflichen Tätigkeit zurückzufinden, wie sie ganz allein für Sie das Lebenswandeln auf dem gar nicht mal so schmalen Grat, eher auf einer schön breiten Brücke – ohne Über- oder Unterforderung – ermöglicht. Ein Patentrezept dafür gibt es nicht, da jeder Mensch anders ist, empfindet und reagiert.

Wohltuende erste Schritte im Rahmen Ihres Stressmanagements sind zum Beispiel, dass Sie seelischen Schmerz zulassen, Gefahren für Ihre Psyche erkennen und rechtzeitig wirksame Hilfsangebote annehmen. Auch die Förderung Ihrer wahren Fertigkeiten ist wesentlich, ganz unabhängig davon, was gerade chic ist und wie man gerade sein sollte. Schließlich kommt Ihre Stressbewältigungskompetenz, die genauso wichtig ist und Sie sich genauso aneignen können wie Menschenkenntnis, Führungsstärke oder Mediationswissen. Seien Sie sich dessen bewusst, dass niemand Sie dazu zwingt, ein Leben zu führen, wie Sie es nicht führen wollen. Die Entscheidung liegt bei Ihnen, und jede Entscheidung hat ihren Preis – willkommen im Leben Ihrer Wahl! Haben Sie sich erst einmal für ein unaufreibendes Leben entschieden, werden Sie zwar vermutlich weniger oft in die Lenkräder des Lebens beißen, aber dafür auch nicht reich werden. Hier kann der schöne Satz des Diplompsychologen und Miterfinders der Fachzeitschrift *Psychologie heute,* Siegfried Brockert, ein gutes Halteseil sein, der so trefflich lautet: »Wirklich reich ist, wer sagt, jetzt reicht's!« (Siehe Kapitel »Herzenskarriere machen«, Seite 147) Und: Rufen Sie sich, wenn Sie wieder in diesem verdammten Stau an dieser klitzekleinen, völlig unterdimensionierten Kreuzung stehen, den weisen Satz in Erinnerung, der jahrelang fett gesprayt auf der über die A 66 zwischen Mainz und Wiesbaden führenden Brücke stand: »Du stehst nicht im Stau, du bist der Stau!« Dieser Satz kann Ihr Leben verändern, ja retten! Er kann dafür sorgen, dass Sie endlich den Hintern raus aus dem Autositz und rein in die Bahn kriegen oder – noch viel empfehlenswerter – näher an den Ort ziehen, in dem Ihre Arbeit stattfindet.

Unter dem Dach grundsätzlicher Gedanken und Entscheidungen dieser Tragweite wohnt eine Vielzahl an Entstressungs-Aktivitäten, die Ihnen in Ihrem Alltag weiterhelfen können. Am wichtigsten ist, dass Sie liebevoll zu sich selbst sind. Wenn Sie sich selbst achten und ehren und wenn Sie an sich selbst derart denken und sich pflegen wie der durchschnittliche Deutsche, Österreicher, Schweizer es mit seinem Auto tut, dann wird der Stress Ihr Freund. Überlegen Sie, was Aktivschaum-Vorwäsche, Felgenreinigung und Hartwachs-Konservierung für Sie bedeuten. Wie erhalten Sie die Kraft Ihres Motors und den Glanz Ihres Lacks? Was bedeutet Ölwechsel für Sie: Ist er die Fastenkur für den Körper oder die Yogakur für den Geist? Denken Sie ab jetzt immer, wenn Sie an Ihr Auto denken – Wo habe ich es geparkt? Wann muss ich zum TÜV? Muss ich tanken? –, mindestens einmal auch an sich selbst: War ich heute schon liebevoll zu mir? Habe ich getankt, und war es etwas Frische- und Energiespendendes? Wann ist eigentlich meine nächste Hauptuntersuchung? Wenn Sie sich selbst schätzen, haben Sie den wirklichen Zugang zu den hundert Millionen Antistresstipps, die Sie schon tausendfach gehört und gelesen haben. Und weil der Mensch in der Regel kein konsequenter Schweinehundbezwinger ist, sollten auch Sie lieber, wie bei einem hoch wirksamen Medikament, mit kleinen Stressmanagementbröckchen beginnen, als sich gleich an der vollen Packung zu versuchen. Erst ganz wenig von den wohltuenden Aktivitäten, dann immer ein bisschen mehr. So stehen die Chancen gut, dass aus den Entstressungsbröckchen stramme Stressmanagementfelsen in der Brandung Ihres Lebens werden.

»Glück ist nicht leicht zu definieren: Mal versüßt es einem das Leben, mal ist es ein lebenswichtiger Motivationsschub.«

Michaela Handfest, 21, Studentin, München

42 *Zeiträuber einsperren*

»Tempus fugit«, die Zeit flieht, verfliegt im Sauseschritt. Um diese Schnelllebigkeit wussten schon die alten Römer. Doch heute verflüchtigt sich die Zeit durch Internet, E-Mail und Handy immer noch schneller. Vor allem im Job hat man abends oft das Gefühl, den ganzen Tag über nichts geschafft zu haben. Warum? Weil Anrufer und Kunden Sie aufhielten, andere Ihnen ein Schwätzchen aufdrängten, Sie Ihren Kollegen partout nicht erreichen konnten, sich mit einem Projekt total verzettelten. Ob Sie Ihre To-do-Liste am Ende des Tages abhaken können, hängt nicht von äußeren Einflüssen ab, sondern ganz entscheidend von Ihrer Arbeitsstruktur und Ihrem Auftreten. Denn: Zum Tango genauso wie zum Zeitschlendrian gehören immer zwei. Prüfen Sie Ihr Zeitmanagement und bremsen Sie Zeiträuber bewusst aus.

Strukturieren Sie Ihren Arbeitstag. So können Sie mögliche Zeitlecks ermitteln. Damit Sie nicht mit Nebensächlichem herumtrödeln, gibt es unterschiedliche Möglichkeiten der Priorisierung; etwa die ABC-Struktur: Kategorisieren Sie am Ende jeden Tages Ihre Aufgaben für den kommenden Tag. A bedeutet »sehr wichtig«, B steht für »wichtig« und C für »weniger wichtig«. Auf A-Aufgaben müssen Sie sich morgen dann voll konzentrieren. Beginnen Sie damit den Tag und verwenden Sie etwa 65 Prozent Ihrer Zeit auf sie; 20 Prozent schenken Sie den B- und 15 Prozent den C-Aufgaben.

Wenn Sie sich etwas mehr Muße wünschen, strukturieren Sie den Tag mit der so genannten Alpen-Methode: Sie schreiben alle Aufgaben (A) auf, legen jeweils die Dauer (L) der Bewältigung fest und reservieren Pufferzeit (P). (Verplanen Sie nur 60 Prozent der Zeit, der Rest sollte Pufferzeit sein.) Dann entscheiden Sie (E) über die Prioritäten und Möglichkeiten der Delegation und achten zudem auf die Nachkontrolle (N). Damit Sie an solch einem stringent durchgeplanten Tagesablauf immer noch Spaß haben, schaffen Sie sich Kraft- und Ruheinseln, die Sie ebenfalls mit einplanen: Ein Mittagessen mit einem Kunden in einem netten Restaurant, ein paar Minuten Stretching, einen kleinen Spaziergang, ein privates Telefonat. Achten Sie auch darauf, dass Sie nicht die Aufschieberitis peinigt. Die tritt ein, wenn Sie eine Aufgabe von einen Tag auf den nächsten schubsen. Setzen Sie deshalb diesen Punkt konsequent auf Platz 1. Denn: Mit den weiteren Terminen im Nacken ist der Druck umso größer, und Sie tun sich leichter, die unangenehme Aufgabe sofort zu erledigen. Außerdem werden Sie feststellen, wie beflügelnd es ist, wenn Sie sie gleich zu Beginn des neuen Tages abhaken können.

Neigen Sie generell zum Aufschieben, überlegen Sie sich bitte, wovor Sie sich allzu gern drücken. Dabei und bei der Lösung helfen diese Fragen:

- Warum ist es wichtig, dass diese Aufgabe, dieses Projekt erledigt wird?
- Was empfinde ich bei der Vorstellung, das Ganze anzupacken?
- Was empfinde ich bei der Vorstellung, es abzuschließen?
- Welche Aufschiebetaktiken hindern mich daran? Warum?
- Welchen Stichtag setze ich mir?
- Wen könnte ich einbinden, und wann will ich meine Fortschritte überprüfen?

Nicht immer stiehlt Ihnen Ihr Hang zum Aufschieben oder zu laxes Prioritätenmanagement Ihre Zeit. Häufig sind es auch die lieben Kollegen oder unerbetene Anrufer. So können Sie diesen Zeiträubern das Handwerk legen:

1. Nutzen Sie Symbole wie die offene beziehungsweise geschlossene Tür, um Gespräche zuzulassen oder zu verhindern.
2. Stehen Sie auf, wenn jemand unangemeldet Ihr Bürozimmer betritt, und setzen Sie sich erst, wenn der Besucher gegangen ist. So wird es für niemanden zu einladend.
3. Mit einer Aktenmappe auf dem Besucherstuhl verhindern Sie, dass sich jemand häuslich bei Ihnen einrichtet.
4. Wählen Sie die richtige Gesprächseröffnung. Fragen Sie statt »Wie geht es Ihnen?« zeitsparender »Was kann ich für Sie tun?«
5. Stecken Sie einen zeitlichen Rahmen: »Wir haben zehn Minuten Zeit, worum geht es?«
6. Bleiben Sie im Zimmer eines Kollegen, der gerne zu ausschweifenden Vorträgen ansetzt, an der Tür stehen. So signalisieren Sie Zeitdruck.
7. Fassen Sie sich kurz am Telefon, und machen Sie mit »Ich muss in zehn Minuten in ein Meeting« klar, dass der Anrufer sich ebenso kurz fassen soll. Schützen Sie auch mal einen Termin vor, um das Gespräch schneller beenden zu können. (Und wenn Sie damit nur die Verabredung mit Ihrer Butterstulle meinen.)
8. Laden Sie Dauerredner nicht noch mit »Hm« oder »Verstehe« zum ausschweifenden Telefonieren ein.
9. Fassen Sie das Gesagte zusammen, um mit diesem Resümee ein Telefonat schneller zu einem Ende zu bringen.

43 *Nein sagen*

Ihr Chef fragt Sie, ob Sie bis morgen die Excel-Tabelle fertig machen können. Die Kollegin stellt das Telefon einfach auf Sie um. Ihr Lebenspartner halst Ihnen den Gang zur Reinigung auf. Ein Freund bittet Sie darum, ihm Geld zu leihen. Und statt »Nein« sagen Sie »Ja«, krönen die Antwort sogar noch mit einem »Klar!« oder »Gern!«, und hinterher ärgern Sie sich schwarz, dass Sie jetzt einen Riesenstress mit sich selbst deswegen haben. Es ist immer so: Ja-Sagen bedeutet Zeit investieren. Alles, wozu Sie Nein sagen, bringt dagegen Zeit; Zeit für Ihre Belange, für Ihr Wohlgefühl und Ihre Work-Life-Balance. Warum also fällt uns ein Nein so unglaublich schwer, und wie kann es in Zukunft leichter über die Lippen kommen?

Ja sagen wir, weil es einfacher ist als Nein. Das vermeidet Konfrontation, Erläuterung und Rechtfertigung. Lieber gelten wir als freundlicher Mensch, sind kein Spielverderber und lassen uns von einem ganz besonderen inneren Antreiber anspornen: »Mach's allen recht!« Ja-Sagen ist ein erlerntes Verhalten und resultiert aus frühkindlichen Prägungen: »Besonders wenn Eltern ihre Zuwendung vom Gehorsam abhängig machen, legt das den Grundstein für das spätere Ja-Sagen«, erklärt der Sozialpädagoge und Familientherapeut Klaus Fischer aus Schmallenberg. Die Kinder gehorchen, weil sie geliebt werden wollen und Angst haben, mit jedem Nein für die Eltern an Wert zu verlieren. Eltern sollten deshalb die Grenzen respektieren, die Kinder setzen. »Ein Kind hat das Recht zu sagen, Ich will keinen Fisch essen«, sagt Fischer. Sonst stünden schnell die Interessen anderer im Vordergrund, während die eigenen in den Hintergrund rückten: »Die Kinder lernen, ihre eigenen Wünsche so umzusetzen, dass es nicht auf Kosten anderer geht.« Und: Kinder beobachten das Verhalten ihrer Eltern sehr genau. Deshalb sollten Väter und Mütter gute Vorbilder sein, die ziemlich genau wissen, was sie wollen und was nicht.

Wenn Sie auch ein »Mach's allen recht!«-Typ sind, versuchen Sie einmal, diesen Antreiber zu relativieren. Sagen Sie sich, dass es normal ist, Fehler und Unzulänglichkeiten zu haben. Erkennen Sie, dass Sie nicht perfekt sind und es auch nicht sein müssen – und stehen Sie dazu. Formulieren Sie nun den Gebotssatz »Mach's allen recht!« in einen viel stärkenden Erlaubnissatz um; etwa in: »Ich erlaube mir ab und zu, Nein zu sagen und nur an mich zu denken.« Beginnen Sie im Kleinen mit dem Nein-Sagen, und verknüpfen Sie es nach Möglichkeit mit einem konstruktiven alternativen Vorschlag. Zuerst im privaten Umfeld, wenn Sie abends erschöpft aus dem Büro kommen: »Heute koche ich nicht, lasst uns essen gehen.« Oder: »Ich möchte den Rasen heute nicht mehr mähen, das mache ich am Samstag.«

Sie werden sehen: Je häufiger Sie es schaffen, sich durch Ihr Nein-Sagen abzugrenzen, desto mehr Zeit bleibt Ihnen für das Wesentliche. Außerdem lässt diese gewisse innere Anspannung nach. Sie werden klarer und wahrhaftiger, fühlen sich in Ihrer Haut wohler und empfinden eine heitere Gelassenheit, die Sie weicher und humorvoller auftreten lässt. Und: Chef, Kollegen, Familie und Freunde werden sehr bald deutlich seltener unangenehme Aufgaben an Sie delegieren. Bei einem Nein überlegen sie es sich zweimal, ob sie noch einmal fragen und sich möglicherweise den nächsten Korb einfangen wollen – oder ob sie sich gleich an jemand anderen wenden. Folglich versucht man immer seltener, Ihnen etwas aufzuhalsen. Wem es schwerfällt, Nein zu sagen, der ist für routinierte Arbeitsabschieber hingegen eine leichte Beute.

Allerdings gibt es auch ganz hart gesottene Aufhalser, die ein klares Nein nicht schert. Ganz im Gegenteil, sie kontern in diesem Fall mit einem Gegenangriff oder mit der Opferstrategie, gespickt mit manipulativer Rhetorik. Die Angreifer: »Das sagen Sie doch nur, weil Sie keine Lust dazu haben.« Oder: »Hauptsache du bist früher zu Hause! Aber schon okay, dass ich unsere Präsentation allein fertig mache.« Die enttäuschten Opfer: »Ich habe ganz fest mit Ihrer Zusage gerechnet. Ich bin sehr enttäuscht. Was mache ich jetzt nur?« Oder: »Ich habe nur diese eine Möglichkeit. Lassen Sie mich jetzt bitte nicht im Stich!« Was nun? Sagen Sie in solchen Fällen ganz sachlich, dass es Ihnen leid tut, aber Sie nicht anders können und wollen. Zeigen Sie eine Lösung auf, mit der der andere es schafft, sein Problem selbst in den Griff zu bekommen. Und: Weisen Sie einen zu harschen Angriff entschieden von sich. Schließlich sind nicht Sie für Gedeih und Verderb eines anderen verantwortlich, sondern nur er selbst.

Beispiele für charmantes und gleichzeitig entschiedenes Nein-Sagen:

1. Konsequenzen klar machen: Sagen Sie Ihrem Chef, wenn er Sie bittet, die Excel-Tabelle noch heute abzuschließen, dass Sie dann das andere Projekt, an dem Sie gerade arbeiten, nach hinten stellen müssen.
2. Bedenkzeit ausbitten: Sagen Sie, Sie bräuchten Zeit, um sich die Sache in aller Ruhe durch den Kopf und durch den viel zitierten Bauch gehen zu lassen. Wenn Sie dann Nein sagen, wird Ihre Absage nicht so schroff empfunden; sie klang durch Ihre Zurückhaltung bei der Entscheidungsfindung bereits an.
3. Schriftlich anfragen lassen: Erklären Sie, dass Sie in Eile sind, und bitten Sie um eine kurze E-Mail oder einen Zettel als Gedankenstütze. Bequeme Bittsteller sind Sie damit gleich wie-

der los. Außerdem wappnen Sie sich damit gegen Missverständnisse.

4. Sich schrullig geben: »So etwas mache ich normalerweise nicht«, war die bevorzugte Antwort des Schauspielers Paul Newman, wenn jemand ein Autogramm von ihm wollte. Mit dieser charmanten Antwort konnte ihm kaum jemand böse sein. So ähnlich ist es, wenn Sie sagen: »Ich bin halt ein notorischer Nein-Sager.«
5. Heiße Luft ausatmen: Wenn Sie einmal gar nicht mehr weiterwissen, hilft ein »Es passt im Augenblick nicht«. Das ist zwar eine Leerformel, stellt aber trotzdem viele Anfrager zufrieden.
6. Gleich und kompromissfrei Nein sagen: Das ist die beste Antwort für alle Fälle, in denen es unbedingt und unaufschiebbar wichtig ist, Klarheit und Deutlichkeit zu signalisieren. Es vermeidet Missverständnisse. Und es ist, sagt der französische Schriftsteller Nicolas Chamfort, »der erste Schritt zur Freiheit«.

44 *Rückzugsräume schaffen*

Räume der Ruhe können wirkliche Orte sein, aber auch Momente, kleine Auszeiten vom Alltag: Ein Spaziergang um den Block, zwanzig Minuten Meditation oder Yoga nach dem Mittagessen ebenso wie der zweite Schreibtisch zu Hause, die Bibliothek oder die Hütte im Wald. Diese Räume sind Inseln, auf die man sich vom Stress und von der Hektik des Alltags zurückzieht, von Projekten und von Menschen, die unsere volle Aufmerksamkeit brauchen. Beschleunigt durch unser Pflichtgefühl und den Glauben, in einer Leistungs- und Wissensgesellschaft den Anschluss nicht zu verlieren, wird der Nutzen solcher Ruheinseln oft nicht erkannt: Menschen auf der Dauerflucht vor sich selbst seien heutzutage allgegenwärtig, schreibt der Schweizer Schriftsteller Frank Nager in der *Luzerner Zeitung*: »Dieses Davonrennen hat mannigfache Facetten.« Rastlose Geschäftigkeit, Leistungszwang, vollgestopfte Terminkalender, Party-Bessenheit und atemlose Mobilität, listet er auf. »Es ist ein rasendes Rennen, ein immer trickreicheres Vor-sich-Davonrennen«, meint Nager, »der Lebensleitsatz lautet: Ich haste, hetze – also bin ich. Wir rennen und rennen – wohin? Wofür?«

Gerade um Antworten auf das »Wohin?« und das »Wofür?« zu finden und eine Atempause im Multitasking-Stakkato des Alltags einzulegen, sind Ruheinseln und die Auseinandersetzung mit sich selbst wichtiger denn je. Das hilft dabei, Anregungen und Lösungen zu finden, zu entspannen und die Batterien aufzuladen. Interessant ist hier die Studie des Hamburger Psychologieprofessors Reinhold Schwab. Er befragte knapp 200 Studenten zum »objektiv beobachtbaren physischen Getrenntsein ohne Kommunikation mit anderen«, das heißt zum Alleinsein, und fand heraus, dass

- Sich-Zurückziehen meist zu Hause stattfindet (94 Prozent), gefolgt vom Arbeitsplatz, dem Auto und der freien Natur;
- die Befragten sich vor allem frei, entspannt und konzentriert fühlten; Frauen äußerten sich fast immer positiver als Männer;
- zwei Drittel der Probanden mit der zeitlichen Relation von Alleinsein und Unter-Leuten-Sein zufrieden waren. Nur elf Prozent meinten, sie seien »zu viel alleine«, während 21 Prozent angaben, »zu wenig alleine« zu sein;

- Personen mit höherer Fähigkeit zum Alleinsein grundsätzlich eine größere Lebenszufriedenheit, mehr Selbstsicherheit und weniger Minderwertigkeitsgefühle besitzen.

Schwab plädiert für einen Einstellungswandel: Alleinsein sollte nicht stigmatisiert werden. Im Gegenteil, es sollte als eine unabdingbare, zeitweilige Erfahrung anerkannt werden, bei der wir zu uns kommen können und es zulassen, dass Einsamkeitsgefühle aufkommen. Auch der Regensburger Zeitforscher Jürgen Zulley sieht die »gezielte Suche nach Alleinsein« als eine essenzielle Notwendigkeit im Leben. Er selbst ist beim Bergsteigen allein oder wenn er sich nach der Arbeit zu Hause eine halbe Stunde zurückzieht: »Nur so bin ich sozialfähig und kann das auch genießen«, sagt Zulley. Der Erfinder der »Bruno Banani«-Unterwäsche, Wolfgang Jassner, nutzt einen zweiten Schreibtisch: »Neben der Firma in Chemnitz habe ich in meinem Wohnhaus in Essingen ein zweites Büro mit Blick ins Grüne, in den Garten, dort finde ich gute Inspiration«, sagt er in einem Interview zum Thema geistige Anregung. Was Psychologen, Unternehmer und Kreative fürs Denken und für sich als wichtig empfinden, schätzen auch Eingeborenenstämme. Noch heute haben viele von ihnen eine Zufluchtsstätte im Haus, die allein der Zwiesprache mit sich selbst dient. Auch Altäre oder Hauskapellen in größeren Gehöften dienten diesem Zweck, während heutzutage viele davon erzählen, eine Yoga-Ecke oder eine Kemenate nur für sich eingerichtet zu haben.

Überlegen auch Sie, welche Rückzugsräume Sie nutzen könnten und möglicherweise bereits bewusst oder unbewusst nutzen. Vielleicht ist es der eine Abend in der Woche, an dem Sie nur für sich sind; oder, wie Jürgen Zulley das vorlebt, die halbe Stunde vorm Eintauchen ins Familienleben. Der Rückzug auf eine Parkbank, ein Flussufer oder eine Brücke, bevor Sie nach Hause gehen; das stille Örtchen während der inhaltsgeladenen Sitzung, bevor Sie eine weitreichende Entscheidung fällen müssen; die Meditation nach dem Mittagessen. Wichtig ist, dass Sie diese Ruheinseln regelmäßig besuchen und die Aktionsbremse regelmäßig treten – und nicht immer erst dann, wenn Ihnen alles bereits zu viel geworden ist. Hilfreich ist, sie als feste Größe in Ihren Wochenplan einzubauen. Das beugt Rastlosigkeit und Zerrissenheit vor und hilft Ihnen, klarer zu denken, zu fühlen und zu handeln.

Sinnenstarke Freizeit

Ausgelassen tänzeln die Schmetterlinge über eine bunte Bergwiese, die ein ausgespülter Kiesweg säumt. Hoch hinauf führt der Steig zu einem schroffen Felsgrat, überragt von strahlend blauem Himmel. Herrlich, diese Natur und die würzige Luft, die so viel feiner duftet als die in der Stadt.

Millionen Wanderer gehen jedes Jahr in die Berge, und es werden immer mehr. Nicht nur die ehemalige Rentnerfreizeit, auch der lang verpönte Heimaturlaub erlebt eine Renaissance: Die Mecklenburgische Seenplatte, das Altmühltal und die Pfalz – um nur einige wenige Beispiele zu nennen – sind schwer beliebt. Die Regionen boomen und mit ihnen das Interesse an Brauchtum, Bauernregeln, Hofmärkten, überlieferten Rezepten und Kulturpflanzen.

Das Kelkheimer Zukunftsinstitut hat dieser Sehnsucht einen Namen gegeben und spricht von »Neo-Nature«. Dazu kommt nun »Neo-Heimat«, und beides steht dafür, freie Zeit so zu verbringen, wie sie unserer Natur und unseren Sehnsüchten wirklich entspricht.

45 *Müßiggehen*

Wenn Sie müßiggehen, sind Sie alles andere als faul. Lassen Sie sich da bloß nichts einreden! Im Gegenteil, dem wahren Müßiggeher schlägt bei seinem Tun nicht nur keine Stunde, er leistet vielmehr wahre Schwerstarbeit. Schließlich wird ihm einiges abverlangt, wenn die Gedanken nur so abhängen, die Augen in den Himmel schauen, die Ohren zwar geöffnet, aber auf Durchzug gestellt sind, der Atem luftleer umhermäandert. Das muss man erst mal aushalten. Es geschieht nicht nur, wenn Sie in den Pariser Tuilerien lustwandeln oder auf einem Stein an Ihrem Lieblingssee sitzen. Es passiert auch, wenn Sie in einer schönen Stadt morgens aus dem Hotel kommen und einfach loslaufen. Die Zeit verfliegt, und abends kommen Sie irgendwo an. Wenn es Samstag ist und Sie nach dem Frühstück überlegen, was Sie nun mit dem Tag anstellen – nichts. Wahlweise gar nichts. Sie bleiben im Bett, oder Sie gehen draußen auf und ab oder ziehen gemächlichen Schrittes durch den Wald und über die Felder. Für die einen sind Sie dann immer noch ein Tagedieb – auch so eine negativ besetzte Bezeichnung. Für die anderen sind Sie dann bereits den entscheidenden Schritt voraus: Sie nehmen sich die Zeit dafür, Zeit zu haben für Kreatives, Neues, Gewagtes, Kraftvolles.

»Wenn du es eilig hast, gehe langsam.« Dieser Satz stammt von dem Heidelberger Zeitmanagement-Papst Lothar J. Seiwert. Er weiß, was es heißt, kunstvoll mit der Muße umzugehen. Wenn Sie sich darauf verstehen, arbeiten alle Organe tatsächlich normal, allerdings tun sie nicht das, worauf sie getrimmt sind: an einem Strang ziehen und ihr Bestes geben, damit Sie solche Höchstleistungen vollbringen, wie sie gesellschaftlich von Ihnen erwartet werden. Dazu gehört Immer-parat-Sein, exzellentes

Projektmanagement, Pünktlichkeit, Genauigkeit, straffe Deadlines, Multitasking, Hektik, keine Kompromisse – und E-Mails, bis der Arzt kommt. Vielmehr ist Ihr ganzer Organismus beim Müßiggehen plötzlich auf ganz andere Leistungen ausgerichtet, auf Kraft schöpfen, Energie tanken und – vor allem – richtig gute Ideen gebären. Isaac Newton, so geht die Mär, hatte das begriffen. Die zündende Eingebung zu seiner Gravitationstheorie kam ihm, als er daheim im Obstgarten versonnen einen Apfel anstarrte. Und René Descartes blieb schon vor 400 Jahren vormittags gern im Bett. Dieses tagediebische Verhalten trug wohl nicht unmaßgeblich dazu bei, dass er in Ruhe die wesentlichen Gedanken entwickeln konnte, die ihm halfen den modernen Rationalismus zu begründen. (Damit sprach er dem rationalen Denken eine tragende Rolle gegenüber sinnlichen und religiösen Argumenten bei der Begründung von Wissen zu.) Das war lange vor der Zeit, die der Soziologe und Politikwissenschaftler Hartmut Rosa von der Universität Jena als »Beschleunigungsgesellschaft« bezeichnet. Mit der sind wir jetzt konfrontiert.

Ideen stellen sich also gern im Bett oder am Fluss ein, unter dem Apfelbaum, auf der gedrechselten Holzbank inmitten der blühenden Alpenwiese oder beim Auf-der-Mauer-sitzen-und-die-Beine-baumeln-Lassen. Wenn Sie da und dort gelegentlich so richtig schön abhängen, kommen Ihnen Ihre ganz eigenen Eingebungen zu Ihrer persönlichen Gravitationstheorie und für den Rationalismus, wie Sie ihn definieren. Dazu trägt auch bei, dass weniger ganz bestimmt mehr ist. Und das im Grunde schon seit Sokrates: »Ich sehe mit Freuden, wie viele Dinge es gibt, die ich nicht benötige.« Lothar J. Seiwert folgert daraus, dass »Lessness«, die Kunst des weniger Habens und Wollens, nie out war und umso mehr in ist. Bei allem sollten Sie sich zuerst fragen, ob Sie das brauchen und ob Sie das tun sollten. Und falls Sie Ja sagen, folgt die Überlegung, was Sie davon haben: Ist es geistiger Gewinn, dann lohnt es sich wirklich; bleiben Sie dran! Verfahren Sie genauso bei der Aussicht auf echte geistige Entlastung. Wenn es aber bloß noch mehr Irrungen und Wirrungen für einen sowieso schon ordentlich beladenen Menschen wie Sie verspricht, lassen Sie es lieber bleiben. Und: Schauen und denken Sie zweimal hin, wenn Ihr Plan Gewinn für den Geldbeutel verspricht. Oftmals gehen damit derart viel Last und Leid einher, dass Sie gar nicht mehr vermögen, sich über den hübschen Profit zu freuen, wenn er einmal überwiesen ist (siehe auch Kapitel »Das Wesentliche erkennen«, Seite 122).

Fünf gut abgehangene Gedanken für Entschleunigung und Lessness:

1. Verabreden Sie sich nur, wenn Ihr Bauch zustimmt. Sonst verbringen Sie die Zeit lieber mit Ihren Lieben.
2. Verbringen Sie morgens und abends jeweils zehn besinnliche Minuten mit sich und sonst nichts und niemandem. Was erwarten Sie von Ihrem Tag? Wie war Ihr Tag? So kommen Sie auch an den Punkt, über das Leben und seinen Sinn nachzudenken, wenn Sie schon mal beim Sinnieren sind. Irgendwann einmal passiert das bei solchen Zeitinseln vermutlich von selbst (siehe dazu auch Kapitel »Sinn finden«, Seite 140).
3. Weniger zu wollen bedeutet, weniger Entscheidungen fällen zu müssen; gerade in einer Zeit, wo wir jeden Tag vor gefühlten 5000 Weggabelungen stehen.
4. Gehen Sie weg vom Müssen, hin zum Können. Sie müssen so gut wie nichts, und Sie können fast alles; wenn Sie nur wollen.
5. Gehen Sie gleich in den nächsten Obstgarten und schauen Sie einen Apfel an. Und zwar lange.

»Glück ist für mich ein freier Tag
ohne Verpflichtungen: morgens im Bett bei
offenen Fenstern und flatternden Vorhängen
mit den Lieben zu kuscheln
und dabei dem prasselnden Regen und
den zwitschernden Vögeln zu lauschen.«

Julia Hauser, 35, Hausfrau und Mutter, Augsburg

46 Heimat mit neuen Augen sehen

Heimat ist wie die Westentasche: Da kenne ich mich bestens aus. Obwohl Sie da, wo Sie daheim sind, alles über jeden Stein wissen, sind es meist die ewig gleichen Wege, die Sie einschlagen – »Karnickelgänge«, in denen Sie sich bestens auskennen und vor Überraschungen gefeit sind. Ein Test: Wenn Sie das nächste Mal abends das Büro verlassen oder wenn Sie einkaufen gehen, gehen Sie einmal wie ein Tourist durch die Straßen, schauen Sie sich die Häuser ganz genau an, machen Sie sich Ihren Weg bewusst. Sie werden sich wundern, was Sie alles Neues entdecken. Heben Sie vor allen Dingen auch den Blick und werden Sie sich gewahr, was in den oberen Stockwerken zu sehen ist. Bestimmt ist es eine ganze Menge!

Wenn Sie die Augen offenhalten, werden Sie bemerken, wie die Stadt mit Ihnen spricht. Das tut sie mit den Werbebotschaften; da gibt es Kurioses und Witziges, Dummes und Geistreiches: Ein Kaffeehaus-Besitzer in München nannte seinen Laden »Tov«, weil die Boutique nebenan »Mazel« heißt. »Mazel tov« ist jiddisch und heißt »Viel Glück«, und der Gastronom besitzt einen feinen Witz. Herrlich diese Poesie des Alltags. Ihre Stadt hat nicht nur viele Worte für Sie übrig, sie besitzt auch viele malerische Ecken und Enden für die Bilder, die Sie im Herzen tragen: die Primel im U-Bahn-Schacht, die abgegriffene Jugendstiltür in der Altstadt, den verträumten Hinterhof, die tanzende Papiertüte vor dem zentralen Brunnen, die Baumrinde im Park (siehe auch »Kraftplätze aufsuchen«, Seite 167) und so weiter. Gehen Sie beim Fotografieren mit dem Herzen so vor wie die spanischen Regisseure Pedro Almodóvar und Isabel Coixet, die selbst in tristen Klinikgängen und an schäbigen Autobussen etwas Malerisches und Einzigartiges finden; das können Sie auch.

Halten Sie nach so genannten Stencils Ausschau. Das sind eher schöne und viel weniger hässliche Graffiti, mit denen Künstler Ihre Stadt zum Kunstwerk machen. Wohl das bekannteste Stencil ist die gelb-schwarze Banane an ausgewiesenen Orten der Kunst. Mittlerweile hat sie viele Geschwister bekommen: stilisierte Männchen, Affen und Gangster. Nicht nur heute, auch früher verzierten Künstler arabeskengleich Kirchenportale und Häuser mit Schutzsymbolen und kleinen Dämonen. Abhängig vom geschichtlichen Hintergrund Ihrer Heimat können Sie hier und da noch ein paar davon entdecken. Die Trolle, Löwen und Fratzen befinden sich meist an Firsten, Giebeln und Mauervorsprüngen – allerdings nur, wenn Sie die angestammte Perspektive des hektischen Passanten verlassen und den Kopf heben. Lassen Sie sich davon inspirieren und tauchen Sie tiefer in die Historie ein; dafür gibt es das Heimatmuseum und die Stadtführung, sie steht Touristen und Eingeborenen, wie Sie es sind, gleichermaßen offen.

Wissen Sie, an welchen Plätzen Ihre Stadt im Frühling am schönsten ist? Auf welcher Parkbank man am romantischsten sitzt? Wo es im Sommer Glühwürmchen und die besten Picknickplätze gibt? Wo Sie im Herbst die meisten Kastanien finden und an welchem Hang Sie im Winter am besten rodeln können? Wenn nicht, wissen Sie es bald. (Am besten fragen Sie gleich einmal die Mütter und die kleinen Kinder; die wissen immer alles.)

47 *Naturnah erleben*

Stellen Sie sich vor, Ihr Fernseher sei eine Eiche. Ihr Computerspiel eine Klamm im Gebirge. Ihr MP3-Player sei ein Kleiber, Ihr Handy eine sich sonnende Eidechse. Und Ihr Designersofa die gedrechselte Holzbank auf der blühenden Sommerwiese. Ist das eine fürchterliche oder eine wunderschöne Vorstellung für Sie? Die Zeit könnte reif dafür sein, dass es eine wunderschöne ist. Vielleicht wissen Sie es noch nicht, aber Sie beginnen es zu spüren. »Schneller, höher, weiter« – das findet nämlich allmählich sein Ende. Viele können es nicht mehr hören, wenn die Leute von ihrem Haus, ihrem Boot, ihrem Pferd schwadronieren. (Gut, dass es immer weniger tun.) Viel lieber wollen sie ihre Ruhe und die paar Menschen dabeihaben in dieser Ruhe, die ihr Herz wirklich ernähren.

Also, die Eiche und die Klamm, der Kleiber und die Eidechse und die Holzbank auf der Sommerwiese. Sie sind die Ziele der Zukunft – und die Zukunft ist jetzt! Solche schönen Erlebnisse bringen genau das, was der Mensch braucht, um zu seiner Essenz zu finden: Der Mensch braucht den Baum, den er umarmen und an dessen Rinde er sich so lustvoll schrubben kann wie Balu, der Bär, im *Dschungelbuch*. Der Mensch braucht gute Kameraden wie den Kleiber, der den Eingang zur Bruthöhle nur so groß baut, dass er noch durchpasst und Marder oder Krähen draußen bleiben.

Naturnah erleben bringt Ihnen mehr verbrauchte Energie zurück als jeder Schokoriegel. Sie entdecken Dinge, die Sie nicht für möglich hielten. Sie kommen während des Abstiegs vom Brecherspitz mit Menschen ins Gespräch, die in 50 Jahren im Seniorenstift Ihre liebsten Bridgepartner sein werden. Und Ihre Ohren trauen Ihren Ohren nicht: Was, keine Berieselungspopmusik – echtes Kleibergezwitscher? Der Bundesverband Deutscher Gartenfreunde e.V. propagierte kürzlich voller Stolz: »Die Generation Golf entdeckt den Garten neu.« Wurde aber auch Zeit, und schlimm genug, dass sie sich jemals von ihm abgewandt hat. Machen Sie sich jetzt auf etwas gefasst: Schrebergärten sind wieder hip, der Vereinsmeier ist wieder sexy! In den vergangenen zehn Jahren ist der Altersdurchschnitt in den etwa 15 000 deutschen Kleingartenvereinen von 56 auf 47 Jahre gesunken. Besonders Familien entdecken das Naturerlebnis unweit von Couch und Fernseher neu. Ziehen Sie das einmal in Erwägung, wenn Sie vorhaben, Ihren Lieben etwas Gutes zu tun. Eine Parzelle Natur zum Buddeln, Säen, Hegen, Pflegen, Ernten gibt es in der Großstadt für etwa 300 Euro im Jahr.

Die Natur, die uns täglich umgibt, ist unser Paradies auf Erden. Aber es bleibt jedem Einzelnen überlassen, diese Natur auch zu entdecken und zu erleben. Denn eines ist gewiss: Das Paradies finden Sie nicht in goldenen Palästen, sondern in all den grünen Kleinigkeiten Ihres Alltags. Mahatma Gandhi meinte das auch: »Bäume sind Gedichte, die die Erde in den Himmel schreibt.« Ist das nicht himmlisch?

Inzwischen legen die ersten Psychotherapeuten ihre Patienten nicht mehr auf die Couch, sondern schicken sie ins Grüne.

Oft bringt das viel mehr als das Herumstochern in der Kindheit und bunte Pillen. Der neue Berufsstand der Öko-Psychologen vertritt die Meinung, dass zu wenig Natur dem Menschen schadet, hingegen das Naturerlebnis die Psyche fördert. Mal ganz unter uns: Ist das nicht klar wie Kloßbrühe? Nur in die Tat umsetzen müssen Sie diese stolze Meinung, wenn es Ihnen besser gehen soll, Sie sich beschwingt von der klaren Luft und frei wie ein Vogel fühlen wollen. Einmal täglich ein Stück Grün tut gut. Wenn Sie es suchen, werden Sie es finden, und sei es im Park um die Ecke, zwei Straßen hinterm Konferenzhotel oder auf der Ausfallstraße an der 3. Ampel rechts ab. Das tägliche Grün schützt auf die Dauer vor Angst, Depression und Herz-Kreislauf-Erkrankungen. Und noch mehr Vorsorge: Es gibt Ihnen jedes Mal ein Stück unbändiger Kraft, mitten aus der Luft, für alle Sinne. So werden Probleme zu Problemchen und riesige Sorgen zu lösungsfördernden Gedanken. Es ist so viel wichtiger, sich in der natürlichen Umgebung fallen zu lassen, als permanent nach neuen Herausforderungen zu gieren. Das ist das alte neue Wesentliche. Sagen Sie jetzt nicht, Sie haben es nicht gewusst. Im schlimmsten Fall war es Ihnen bloß, wie den meisten von uns, eine Schneller-höher-weiter-Zeitlang entfallen.

»Glück ist für mich mein Mann, im Glockenbachviertel arbeiten und im Tölzer Oberland leben, auf einer Blumenwiese sitzen, guten Wein und gutes Essen mit Freunden genießen.«

Bettina Rotter, 44, Unternehmerin, München

48 *Natur verstehen*

Stellen Sie sich vor, Sie sehen den Baum vor Ihrem Küchenfenster jeden Tag um dieselbe Uhrzeit; sagen wir morgens um 9 Uhr. Dann drücken Sie, wenn Sie aus dem Fenster sehen, auf Ihren inneren Auslöser. Immer nur einmal und 365-mal in Folge. Die Fotos reihen Sie in Ihrem Herzensfotoalbum hintereinander, und wenn das Jahr um ist, sehen Sie den schönsten Jahreszyklus der Natur, den Sie sich vorstellen können. Was für eine Galerie!

Was, Sie haben gar keinen Baum vor dem Küchenfenster? Da haben Sie ein Auto, ein Handy, eine Spülmaschine, einen Fernseher und einen elektrisch verstellbaren Fernsehsessel, ein Doppelbett mit Massagefunktion, eine Video-Spielkonsole, eine mit Waschbetonplatten geplättelte Einfahrt und einen Hochdruck-Dampfreiniger für das Moos in den Ritzen vom Waschbeton. Und Sie haben keinen Prachtbaum vor dem Küchenfenster? Verkaufen Sie den ganzen Plunder, verschenken Sie den Rest, entsorgen Sie das, was partout keiner haben will, und ziehen Sie in eine Wohnung, wo die Welt vor dem Küchenfenster noch in Ordnung ist. Schnell, bevor es andere tun und die Mieten für Wohnungen mit Küchenfensterbaum ins Exorbitante steigen. Die Zeit ist nämlich reif dafür. Der lustige gelbe Schmetterling und das Eichhörnchen da draußen sind dann inklusive; sie gehören bald zur Familie.

Früher, ach, früher. Da spielten Sie im Wald am rauschenden Bach, Sie versteckten sich mit Ihren Schoko-Zigaretten in dem schicken Baumhaus in der höchsten Baumkrone. Sie ritten auf Hofhund Rokko durch die Gänse, und ab und zu ein paar Hasenköttel statt Schokoklicker haben Ihnen letztlich auch nicht geschadet. Wenn es bei Ihnen nicht ganz so war, haben Sie bestimmt anderes Kindlich-Schönes erlebt. Heute ist es anders, voll hektisch und vollelektronisch – wissen wir doch alle und sind wir alle mit dabei. Ein typischer Samstagnachmittag: Nach dem Dampfstrahlen der vermoosten Waschbetonpflasterritzen – die Mama programmiert derweil die Küchenmaschine auf Garnelen-Ragout fin, der Große ballert sich am Computer ins Highscore-Armageddon, die Kleine fummelt an der vollautomatischen Vollplastik-Wein-Liesl mit Bettnäss-Application herum – reist die ganze Familie zur Indoor-Spielanlage, einmal Flatrate mit allem, Hüpfburg und Rote-Curry-Pommes-Schranke von der Zehnerkarte abgeratscht. Auf dem Hin- und auf dem Herweg schauen die Erbprinzen Zeichentrick-DVDs auf kleinen Flatscreens, die Sie in Ihrer Wagenburg hinten an den Kopfstützen befestigt haben. Auf, dass alle schön den Schnabel halten, damit die Alten sich da vorn schweigend ins Beziehungsgespräch vertiefen können. Und am Sonntag geht's zum verkaufsoffenen klimatisierten Stauntag in die Shoppingmeile, jeder kriegt was, vom Parkplatz zum Burgerbrater sind es nur 50 Meter. Zwischendrin einmal ein fröhlicher Tag unter freiem Himmel? Lieber nicht! Allergien und kleine Krabbeltiere lauern überall, die Gefahr, über eine Wurzel zu stolpern und sich schmutzig zu machen, die Natur ist eher gefährlich denn schön. Und wenn es dann Streit gibt, kann man sich gar nicht schnell genug grummelnd vor den Fernseher verziehen.

Doch, in Ihnen regt sich etwas: Im Grunde sind Sie ein Natur-Freak, und Sie wollen da raus. Tun Sie es! Oder Sie denken gerade, was Sie da oben für einen Unsinn lesen müssen, wo es für Sie und Ihre Familie sowieso schon blühende Alpenwiesen und Vögelbestimmen mit dem Lehrbuch und Tänze mit bunten Bändern um den Maibaum gibt. Wie dem auch sei – die einen sind immer ein bisschen früher unterwegs zu dem, was wirklich zählt, als die anderen. Ist auch egal, abgerechnet wird zum Schluss, und wenn Sie irgendwann auf Ihr (mehr oder weniger) ereignisreiches Leben zurückblicken, wünschen Sie sich bitte ganz viele Natur-Punkte. Erst das Grüne, Kreuchende, Fleuchende, Zirpende, Wuselnde, Blühende, Knorrige; dann gern auch eine Prise Kunststoffzivilisation mit rotem Kinderauto, Wasserrutsche an der Costa Brava und Speiseeis mit Aroma-Emulgatoren auf E-Basis.

Weshalb gibt es das Bepflanzen und Begrünen eines Bauernhofes und das virtuelle Ziehen riesengroßer Schlangengurken in 1a-Beeten vielfach bloß im Computer und nicht auch in echt? Ganz einfach, weil sich das naturnahe Leben mit den Jahrzehnten ganz schön pervertiert hat, und wir haben es gar nicht gemerkt. Aber das wird jetzt anders! Und das ist gut so, sagt die Freisinger Umweltpädagogin Evi Lichtenwald: »Man muss die Dinge erst einmal angreifen, bevor man sie begreifen kann.« Wie eine Blume riecht, wie schleimig eine Schnecke ist, wie sich die raue Rinde eines Baumes anfühlt und wie viel Gewicht eine Hand voller Kieselsteine hat, kann man eben nur real erfahren. Nur wer die Natur kennt, kann sie auch schützen für die, die nach ihm kommen. Hugo Kükelhaus war Tischler und Pädagoge und Philosoph und Schriftsteller und Künstler und früher dran als wir alle. Um 1960 schon stellte er sich die Frage, wie man sich die Umwelt am besten begreiflich macht. Er konzipierte das »Erfahrungsfeld zur Entfaltung der Sinne«: »Der Besucher erfährt, wie das Auge sieht, das Ohr hört, die Nase riecht, die Haut fühlt, die Finger tasten, der Fuß (ver-)steht, die Hand (be-)greift, das Gehirn denkt, die Lunge atmet, das Blut pulst, der Körper schwingt.« Seither entstanden in ganz Deutschland großartige Anlagen, die sich dem Prinzip von Kükelhaus verschrieben haben. Besuchen Sie einmal das Phänomania auf der Zeche Zollverein in Essen, das Schloss Freudenberg in Wiesbaden, die Wöhrder Wiese in Nürnberg, die Sinn-Welt in Biberach, das Sinnwerk in der ehemaligen Walzmühle im schweizerischen Frauenfeld oder das Eins + Alles in Welzheim im Schwäbisch-Fränkischen Wald.

Wenn Sie zu weit weg wohnen oder sich sagen, was die können, können wir auch, machen Sie sich Ihr eigenes Erfahrungsfeld nach Kükelhaus: Es geht los beim Kressesäen und -ernten, führt über den Baum vor Ihrem Küchenfenster und all das, was in ihm, auf ihm und um ihn herum wohnt, auf das große Feld und immer geradeaus, vorbei an den Teichen, durch die Knicks (so heißen die naturbelassenen Wallhecken in Norddeutschland), über die Felder in die Wälder und wieder hinaus. Dann weiter durch die Bäche, über die Höhen, die Äcker, durch die Täler, und links und rechts hoppelt und äst und flüchtet es ins Unterholz. Sie werden große Augen und große Ohren machen, genauso wie Ihre Lieben. Und wenn Sie in Ihrem Leben mit der Natur, auf Ihren Wegen durch die Natur an der Filiale Ihres Lieblings-Burgerbraters vorbeikommen – gehen Sie ruhig hinein! Natur hat nichts mit Abstinenz von der Zivilisation zu tun, wohl aber mit dem bewussten und verantwortungsvollen Umgang mit ihr. Das bedeutet auch, dass Sie beim Picknick das Aufräumen nicht vergessen. Auch die abgebrochene Plastikgabelzinke hat nichts in der Natur zu suchen. Und: Muss es überhaupt Einmalbesteck sein? Auch solche Überlegungen zählen zum Natur-Verstehen. Schließlich geht es dabei nicht nur darum, ein Gespür für die Natur und die ökologischen Kreisläufe zu entwickeln, sondern auch um den achtsamen Umgang mit den Ressourcen.

49 *In Bewegung bleiben*

Der Weg zum Glück ist keine Rolltreppe. Sie können sich nicht ganz ohne Eigeninitiative einfach auf ein Laufband stellen und werden direkt und ohne Anstrengung ins hellste aller Lebenslichter transportiert; dorthin, wo es Ihnen fortwährend einfach nur gut geht. Ach nee, werden Sie jetzt leicht genervt sagen, das sind ja ganz neue Erkenntnisse! Vielleicht, vielleicht auch nicht. Jedenfalls schleppen sich sehr viele Menschen durch den Alltag, als wären sie an einen Sitz festgewachsen. Dabei ist es auch wirklich zu verlockend: Ihr allerliebstes Auto schaukelt Sie ins Büro, zum Baumarkt, zum Getränkemarkt. Und wenn das nicht geht, gibt es ja auch noch den Omnibus und die Bahn. Darin sitzen Sie dann und hoffen, dass es von Ihrem Zielhalt nicht mehr weit ist bis dorthin, wo Sie hin müssen. Warum eigentlich? Zu wünschen ist Ihnen vielmehr, dass Sie von dort noch einen strammen Fußweg von mindestens einer halben Stunde absolvieren müssen – und dass Sie genug Zeit im Gepäck dafür haben, dass das im Rückblick der mußevollste stramme Fußmarsch gewesen ist, an den Sie sich erinnern können. Sollen wir noch weitergehen? Gut, zu wünschen ist Ihnen außerdem, dass Ihr Auto in die Werkstatt muss und es leider, leider drei Monate dauert, bis das so wichtige fehlende Ersatzteil geliefert ist.

Zu wünschen ist Ihnen auch, dass Sie endlich diesen dusseligen »inneren Schweinehund« abschütteln. Alle Welt führt ihn ständig ins Feld, welch billige Ausrede: Von solch einem Kerlchen lassen Sie sich tatsächlich an der Nase herumführen? Schluss damit! Dann passiert auch folgendes Szenario nicht mehr: Direkt nach Silvester treibt es Sie ins Fitnessstudio wie

Tausende andere auch – aber um den 19. Januar herum, sagen die Fitness-Studiobesitzer, wird es wieder so ruhig wie Ende des Jahres; dabei wedeln sie fröhlich mit all den neuen Verträgen, und der Schweinehund wedelt mit ihnen.

Damit Sie einen gesunden Körper haben, in dem ein gesunder Geist wohnt, können Sie sich guten Gewissens an die Sportwissenschaftlerin Lydia Riepe von der Universität Paderborn halten. Für sie ist regelmäßige Bewegung der Jungbrunnen schlechthin. Ihre Begründung im Magazin *Focus*: Der Mensch drücke sich besonders am Anfang seines Lebens durch Bewegungen wie Krabbeln, Greifen oder Strampeln aus. All das drohe im Lauf der Zeit völlig vernachlässigt zu werden. »Wenn wir später Sport treiben, kehren wir quasi zum Ursprung unserer Selbstentwicklung und in einen Zustand des körperlichen Umgangs mit der Welt zurück.« Das heißt, dann geht es uns gut; eigentlich eine echte Binsenweisheit. Jedoch, derart wissenschaftlich fundiert vor Augen gehalten, wird es dem schlechten Gewissen jetzt erst recht ganz blümerant, und im besten Fall stellt dies – schocktherapeutisch ausgelöst – den finalen Rettungsgriff aus der so unsäglichen Bequemlichkeit dar. Sagen Sie mit 80 Jahren, wenn Sie sich gerade mit dem Rollator auf dem Weg zur nachmittäglichen Schnabeltasse befinden, nicht, Sie seien jetzt gänzlich erstaunt über Ihren Zustand, und wenn Sie das vor 40 Jahren gewusst hätten …

Legen Sie lieber noch heute los, denn Bewegung macht kräftig und sogar schlau. Martin Korte, Biologe an der TU Braunschweig und Experte für Lesen und Gedächtnis, geht in dem bereits genannten *Focus*-Artikel noch einen Schritt weiter als seine Paderborner Kollegin: »Man hat festgestellt, dass bei Bewegung nicht nur in den Muskeln, sondern auch im Gehirn die Durchblutung verbessert wird.« Dadurch steige die Konzentrationsfähigkeit messbar an. Außerdem würden besondere Hirnzentren wie der motorische Cortex beansprucht, die in direktem Austausch mit dem Sprachzentrum oder dem Arbeitsgedächtnis stehen. Das führe, gerade beim Sport, zu ganz besonderer Aktivierung und Motivation. Was nun Bewegung heißt und was sie sein kann, wissen Sie zur Genüge selbst. Deshalb hier zur Auffrischung nur ein kleiner Abriss der Möglichkeiten: Ihr Kind zu Fuß in die Schule bringen, die letzten beiden Haltestellen laufen, die vier Stockwerke hoch ins Büro zu Fuß marschieren und später wieder runter, den Vereinssport von früher wieder anfangen, mit den Schwänen im See um die Wette schwimmen, den Garten selber pflegen, mit dem Fahrrad in die Firma fahren …

So erkannt, so schwierig im Alltag. Damit das endlich aufhört mit dem ewigen Jojo-Effekt (Sport – kein Sport – Sport – kein Sport), schließen Sie ein Abkommen mit sich selbst. Wiederholen Sie folgendes Mantra jeden Morgen zehnmal: »Ich kümmere mich jeden Tag 30 Minuten nur um mich. Ich bewege mich. Dabei sorge ich dafür, dass ich richtig schön außer Puste komme. Länger darf es immer sein, aber nicht kürzer. Ausnahmen gibt es nicht.« Kaufen Sie im nächsten Geschenkeladen das schönste Sparschwein, das Sie finden. Stellen Sie es zu Hause ganz zentral auf. Werfen Sie jeden Tag, an dem Sie sich nicht mindestens 30 Minuten bewegt haben, 5 Euro ein. Wenn das Sparschwein dick und fett ist und partout nichts mehr reingeht, schlachten Sie es. Gehen Sie mit dem Geld ins nächste Sanitätshaus, und kaufen Sie den schönsten Rollator in Ihrer Lieblingsfarbe und die Schnabeltasse mit dem Margeriten-Muster. Dann kann das Alter kommen, und Sie sind, auf ganz andere Art, bestens darauf vorbereitet.

»Glück ist für mich,
barfuß im Gras zu laufen,
mit dem Gartenschlauch
herumzuspritzen,
Kaugummi zu kauen und
Baggern beim Schaufeln und
LKW-Beladen zuzusehen.«

David Rygol, 5, München

50 Zu Hause Urlaub machen

In München gibt es eine weltgewandte Frau, die ihren Mann steht. Sie ist den schönen Dingen zugetan. Sie hat vieles gesehen und erlebt, war unterwegs von Indien (Ayurveda!) über Feuerland (Pinguine!) bis Australien (Cross country!); außerdem etliche Male in New York, ansonsten Marrakesch, Istanbul, London, Paris. Wo man halt in der Neuzeit so Urlaub macht unter Kosmopoliten, wenn das nötige Kleingeld vorhanden ist. Das war auch immer ganz wundervoll, sagt sie, es gibt viele Freunde und Bekannte aus den Zeiten, und es wird bestimmt auch einmal wieder werden mit dem Weit-weg-Reisen. Nur, jetzt ist es für sie an der Zeit, etwas anderes zu machen: Urlaub. Es treibt sie nicht mehr so in die Ferne. Dafür ist ihre Wohnung zu schön, sind die heimischen Freunde zu liebenswert, ist ihre Stadt zu interessant. Wenn sie im Alltag ist, irgendwo zwischen kochen, putzen, Wäsche, Schuster, Reinigung – und natürlich arbeiten –, kann sie das alles gar nicht genießen.

Viele Leute leben so gern in der Stadt, weil sie da so viele Möglichkeiten haben: die Wahl zwischen sieben Theatern und 17 Kinos, 27 hoch gelobten Ausflugszielen und 37 echt coolen Frühstückscafés. Das alles hat die Münchnerin im vergangenen Sommer genutzt, und zwar reichlich, 14 Tage lang! Dabei hat sie den Begriff Urlaub wörtlich genommen, stammt er doch vom alt- beziehungsweise mittelhochdeutschen Wort für »erlauben«. (Im Hochmittelalter fragten die Ritter ihren Lehnsherrn nach »urloup«, damit sie zum Beispiel in eine Schlacht ziehen konnten.) Sie gab sich die Erlaubnis zum Urlaubmachen selbst, und zwar so, wie er ihr gefällt.

Alles so anders, so plötzlich: Keine nächtlichen Ticket-Recherchen im Internet, kein Kofferpacken, keine Zeitung umbestellen, keine Nachbarn zum Blumengießen oder zur Versorgung des Katers bitten. My Home is my Urlaubscastle, und da wird jetzt richtig Fettlebe betrieben – schlafen, bis nichts mehr geht, dann raus auf »la terrazza«, die Blumenkästen pflegen mit allen verfügbaren grünen Daumen. Dann ordentlich herumtelefonieren – die Füße stecken in Eiswasser, Flatrate mit der halben Welt; Urlaubsanrufe, erzählen, wie schön gerade dieser ist. Dann losziehen in die Stadt und aus der Stadt heraus, immer am Fluss entlang, hier und dort einen Abstecher auf die Bänke, in die kleinen Espressobars, auf die großen Steine im Wasser. Dann frühstücken bei Santo, endlich mal wieder, alles frisch aufgeschnitten und frisch gepresst, am besten schreibt man die Zeche an, die Urlaubskasse ist noch voll, und morgen oder übermorgen oder weiss der Geier wann geht's sowieso in die nächste Runde, mit Parmaschinken und Parmigiano, frohgemutem »come stai« über den Tresen und dem ganzen bunten Blätter- und Zeitungswald auf dem Bistrotisch. Dann geht's irgendwann ins Kino (Nachmittagsvorstellung, wie früher mit 20), danach Sundowner am zentralsten Platz der Stadt, es gibt Veneto Sprizz, und alle sehen alle und werden von allen gesehen. Oder auch nicht, alles viel zu hedonistisch – lieber eine Verabredung im Wohnzimmer: mit den schwedischen Zusammensteckregalen beziehungsweise ihrem vielfältigen Inhalt. Viel zu lange keinen richtigen Blick mehr in die Hausbibliothek geworfen, in die Abteilungen Klassiker, Moderne und Zeitgenössisches, und vieles kann nun zwischen Sofa und Ottomane – das Telefon ist ausgestöpselt – aufgesogen werden, während der Spätnachmittagswind mit den Vorhängen spielt und der einzige Krach von den Seiten beim Umblättern kommt. Das geht alles sehr schön allein und sehr schön zu zweit.

Wer Urlaub zu Hause macht, bereut ihn nicht. Sie könnten einmal darüber nachdenken, ob Sie auch finden, dass Franz Beckenbauer recht hatte mit dem erstaunten Ausruf »Wir leben in einem Paradies!«, den er 2006 aus dem WM-Hubschrauber heraus hoch über WM-Deutschland uns allen zurief. Da hat er spät etwas bemerkt, was immer mehr Leute merken – dass man zwar tatsächlich sechs Stunden nach Dubai fliegen und dann bei plus 50 Grad Außentemperatur in ein 7-Sterne-Hotel mit minus 50 Grad Innentemperatur einchecken *kann*. Aber nicht *muss*.

Damit Sie im Urlaub daheim nicht doch zwischen geschäftlichen E-Mails und Kochwäsche hin und her stressen, kommen hier fünf wohlmeinende Ratschläge dafür, dass Sie auch wirklich zur Naherholung finden:

1. Meiden Sie lästige Termine: Heimaturlaub dient nicht dem Behördengang, um endlich den neuen Pass zu beantragen; ebenso wenig der lang geplanten Ärztetour zwischen irgendwelchen Früherkennungen und Spätschädenbeseitigungen. All das machen Sie bitte, wenn Sie sich wieder im Alltag resozialisiert haben.

2. Tun Sie so, als wären Sie verreist: Stellen Sie sich zuerst vor, Ihre Wohnung hätte die teuersten Roaming-Tarife weltweit. Schalten Sie dann vor lauter Schreck das Handy aus und versenken Sie die UMTS-Karte für die Mailerei am Notebook im Briefkasten Ihrer Nachbarn; die kommen erst in vier Wochen aus dem brüllend heißen Dubai zurück. Und die Post? Ungefährlich, machen Sie sie auf, all das unliebsame Zeug kommt ja doch zu all dem anderen unliebsamen Zeug auf den großen Haufen.
3. Frühstücken Sie lange: Und zwar so lange, bis nichts mehr geht. Kaufen Sie die leckersten Schweinereien, die die Viktualienhändler Ihres ganz besonderen Vertrauens bevorraten. Dazu die Früchte, die dort herkommen, wo Sie sonst immer hingefahren sind. Und den schönsten Weißspitzentee, den Sie kriegen können. Decken Sie den Tisch, selbst wenn Sie allein mit sich und der Welt sind, als ob es kein Morgen mehr gäbe und alle Serviettenringe und liebevoll gefilzten Eierwärmer noch einmal ran müssen. Lassen Sie sich nieder mit der Tagespresse und genießen Sie in aller Ruhe Ihr Urlaubsglücks-Frühstück. Und 30-mal kauen, Sie haben ja Zeit, auch das trägt zum Wohlbefinden bei.
4. Gönnen Sie sich Ihr tägliches Highlight: Verrückt ist es doch, dass Sie überall in der Fremde ungebremst in alle verfügbaren Kirchen und in die Museen rennen, die einschlägigen kiloschweren Kunstreiseführer unter dem Arm und zeternde Mitreisende im Schlepptau. Nur daheim, in Ihrer Stadt, waren Sie noch nie so richtig mit Muße bei Sankt Franziskus, Michaeli und Sankt Margareta, Sie waren noch nie ausgiebig im Museum für ostgotische Handschriften, in der Griechischen Sammlung und diesem neumodischen Kunstbau mit den Jungen Wilden. Was da so rumhängt – spannend! Hans

Haltmeier, Chefredakteur der *Apotheken Umschau*, weiß, was guttut: »Das Ziel muss sein, dass man im Urlaub Abstand vom Alltag gewinnt. Das heißt, wenn man zu Hause bleibt, soll man sich trotzdem etwas vornehmen, das einem signalisiert: jetzt habe ich Urlaub.« So ist es. Tun Sie deshalb alles, was Sie auf Mallorca auch tun würden. Vergessen Sie nicht Eis essen, baden gehen, braun werden.

5. Gehen Sie raus, raus, raus, flatternde Vorhänge beim Dicke-Schinken-Schmökern in der Wohnstube hin oder her. Machen Sie ruhig immer mal einen Nachmittag oder eine tiefe Nacht mit sich und Ihren Büchern. Denken Sie ansonsten daran, dass Sie unter die Leute kommen; das tun Sie fern der Heimat ja auch. Schließlich ist der Mensch darauf gepolt, andere Menschen um sich herum zu haben. Der Umgang mit ihnen ist die kraftvollste Nahrung für Körper und Geist. So schaffen Sie auch die Balance zwischen Ruhe und Action, und Sie stellen sicher, dass Sie jeden Urlaubstag das Tageslicht sehen.

Unserer Heimat-Urlauberin hat das Experiment derart behagt, dass sie im vergangenen Sommer sogar noch einen Schritt weiterging: Sie verbrachte zwei wunderbare Wochen gemeinsam mit ihrer besten Freundin in einer Ferienwohnung am Starnberger See, 30 Kilometer südwestlich von ihrer Haustür. Auch aus dieser Zeit kam sie so unbeschwert und erquickt zurück, dass New York, Marrakesch und die Pinguine auf Feuerland sich noch etwas gedulden müssen. Hier der Tipp für die nächste Saison: Nur ein paar Kilometer weiter gibt es in Ruhpolding den Berggasthof Weingarten, mit dem zweitschönsten Talblick Westeuropas (man weiß ja nie, ob es nicht noch einen schöneren gibt), Übernachtung im Doppelzimmer mit Frühstück für um die 30 Euro, karierte Bettwäsche und knarzende Treppenstufen, das Vier-Minuten-Ei, die Schafherde unterm Balkon und die Einheimischenansprache am Stammtisch inklusive. Was wollen Sie mehr? Das ist so schön, da hat man gar keine Beschwerden an die Reiseleitung. (Und das nicht nur, weil Sie die selbst sind.)

»Glück ist für mich, Zeit mit meiner Partnerin zu verbringen, gute Musik zu hören und ab und zu ein saftiges Steak zu essen.«

Carsten Schäfer, 28, Unternehmer, Fulda

Testen Sie Ihr Glückspotenzial!

Hier gibt es nicht etwa Punkte und am Schluss die Einschätzung, ob Sie ein Glücksritter oder ein Glücksverweigerer sind. Der Test läuft anders und soll vielmehr eine Anregung für Sie sein: Machen Sie sich Gedanken darüber, was Glück eigentlich für Sie bedeutet, wo Sie es tagtäglich erfahren und wo es noch Potenzial fürs Glücklichsein gibt. Mit den Fragen führen Sie Ihre ganz persönliche Glücksanalyse durch. Am besten nehmen Sie ein Blatt Papier zur Hand und notieren Ihre Antworten schriftlich.

1. Wie glücklich fühle ich mich derzeit auf einer Skala von 1 bis 10 (0 heißt unglücklich, 10 heißt sehr, sehr glücklich)?
2. Wie bin ich? Wählen Sie die fünf treffendsten Attribute aus: attraktiv, phantasievoll, praktisch veranlagt, klug, freundlich, vertrauensvoll, redegewandt, schlagfertig, tolerant, ehrlich, warmherzig, liebenswert, extrovertiert, überzeugend, fürsorglich, leidenschaftlich, liebevoll, humorvoll, liebenswürdig, einfühlsam, begeisterungsfähig, gewissenhaft, geduldig, willensstark, unabhängig, charakterstark, entschlussfreudig, tonangebend, gründlich, kreativ, mitfühlend, beherrscht, objektiv, aktiv, intelligent, charmant, ordentlich, unterhaltsam, verlässlich, ehrgeizig, vielseitig, leistungsorientiert, energiegeladen, ausdauernd, anpas-

sungsfähig, sensibel, hilfsbereit, begabt, geistreich, einzigartig, stolz auf mich, friedvoll, unternehmungslustig, ein Gewinner, gerecht, voller Selbstvertrauen, hoffnungsvoll, großzügig, verständnisvoll, optimistisch, tatkräftig.

3. Wann war ich das letzte Mal richtig glücklich?
4. Wie definiere ich Glück?
5. Was macht mich glücklich?
6. Wie oft habe ich in den letzten vier Wochen bewusst erlebt und empfunden, dass ich glücklich bin? Wann genau?
7. Welche Menschen in meinem Umfeld sind glücklich? Warum?
8. Woran erkenne ich, dass andere Menschen glücklich sind? Was machen sie anders als unglückliche Menschen?
9. Woran merke ich, dass ich gerade glücklich bin?
10. Welches waren die größten Glückserlebnisse und -momente in meinem Leben?
11. Wo überall kann ich Glück erfahren?
12. Wie wichtig ist mir Glück im Leben auf einer Skala von 1 bis 10 (0 heißt unwichtig, 10 heißt sehr, sehr wichtig)?
13. Kann ich mein Glück selbst herbeiführen? Wie kann ich vorgehen?
14. Gibt es Methoden, mit denen ich mein Glücklichsein optimieren kann (zum Beispiel positiv denken, Dinge positiv uminterpretieren, meditieren, Glückstagebuch führen)? Wenn ja, welche bewährten Techniken sind das? (Wichtig ist, dass sie bei Ihnen bereits funktioniert haben.)
15. Zu wie viel Prozent schöpfe ich mein Glückspotenzial aus? Warum tue ich es nicht zu 100 Prozent?
16. Welche Bereiche kann ich noch mehr ausschöpfen (zum Beispiel im Job, in der Partnerschaft, in der Familie, mit Freunden, in der Freizeit)?

17. Was löst das Beantworten dieser Fragen in mir aus?
18. In welchen Dingen erfahre ich wirklich nachhaltigen, tieferen Sinn für mein Glück?
19. Was nährt mein Glück, meine Seele wirklich nachhaltig?
20. Was tue ich ganz konkret ab morgen, damit ich mich glücklicher fühle?

Und, was habe Sie herausgefunden? Vermutlich, dass Sie doch sehr viel mehr Glück erleben, als Sie dachten. Und dass es vor allem die vielen kleinen Dinge sind, die Sie tagtäglich erfreuen – nicht wahr?!

In jedem Fall hoffen wir, dass Ihnen die Fragen und Ihre Antworten zeigen, wo Sie Freude schöpfen können und wo es ausbaufähiges Glückspotenzial gibt – für Ihr persönliches Mehr an Glück im Leben!

Nachwort

Wenn nun, da Sie einige weitere Glücksseiten kennengelernt haben, eines Tages Folgendes passiert, sind Sie vorbereitet: Es klingelt an Ihrer Tür, Sie öffnen beschwingt, und der Mensch draußen schmettert fröhlich: »Ich bring das Glück herein!« Sie schmettern unfröhlich zurück: »Wir haben keins bestellt!« und lassen die Tür ins Schloss krachen. (Die Szene stammt aus einem ziemlich alten Film; wir erinnern uns sehr gut daran, jedoch nicht mehr an den Titel.) Das kann es dann gewesen sein für heute mit dem Glück – oder sogar für ziemlich lange. Wer weiß das schon … Welcher Güte dieses Glück wohl gewesen sein mag? Der kleine Kick für zwischendurch oder die große Weissagung? Hören und schauen Sie lieber zweimal hin, wenn es zu solch einer Begebenheit in Ihrem Leben kommt, und da draußen etwas Großartiges Einlass in Ihr Herz, Ihr Wohlbefinden, Ihr Leben begehrt. Wie können Sie das Wahre, Schöne, Gute erkennen und es – vor allen Dingen – an sich heran- und in sich hineinlassen? Sicher ist, Glück gibt es tatsächlich nicht auf Bestellung. Es passiert, es flattert umher, es ist zum Greifen nah, es steht buchstäblich vor der Tür.

Wir wünschen uns, dass Sie nun etwas klarer sehen, was Glück für Sie bedeutet und wo es auf Sie wartet. Lassen Sie es herein! Damit Sie sich an den kleinen und den großen Dingen dieses wundervollen Lebens so erfreuen können, wie es Ihnen Energie und Freude dafür schenkt, es als solches zu erkennen und über alle Maße zu schätzen. Das wünschen wir Ihnen von Herzen.

Erzählen Sie uns von Ihren Begegnungen mit dem kleinen und dem großen Glück. Und vor allen Dingen davon, was Sie daraus gemacht haben: Kollerbericht@gmx.de. Jede Zuschrift wird beantwortet und mit einer handgeschriebenen, individuellen Glücksimpression (siehe Seite 11) belohnt.

Dank

Wir danken Anna Weileder für ihre großartige Unterstützung beim Recherchieren, Sammeln, Sichten, Antreiben und Loslassen.

Dank auch an Sabine Asgodom und Prof. Dr. Claus Hipp sowie all den Zitatgebern, die den roten Glücksfaden durch das Buch spinnen.

Außerdem danken wir denen, die wir aus Platzgründen nicht berücksichtigen konnten (auf den nächsten 50 einfachen Wegen zum Glück seid Ihr dabei): Alle zusammen, das sind: Bernd Nobis, Nadja Malak, Andrea Sixt, Christian Seidel, Gabriele Becker, Mario Grobholz, Renate Schneider, Philipp Schaer, Carolin Mücke, Michaela Handfest, Dr. Bernhard Schanz, Felix Wegeler, Waltraud Mücke, Sieglinde Koller, Richard Plattner, Bettina Plattner-Gerber, Claire Oliver, Yvonne Steinke, Carsten Schäfer, Metaxia Mohr, Thomas Hauser, Michael Umlauf, Cord Tröbst, Markus Steiner, Eve-Maria Biene, Bettina Rotter, David Rygol, Josef Mittlmeier, Dunja Koller, Anja Frühauf, Ludwig Mücke, Carolin Kaiser, Steffi Morawietz, Ian Rubinstein, Julia Hauser, Stefan Sell, Ingrid Riedle.

Unser Dank geht auch an Rüdiger Grünhagen und Markus Karsten vom Westend Verlag, die sich aus dem Stand für das Thema begeisterten und umso mehr für das Buch engagierten.

Christine sagt: Auch dir, lieber Jon, Dank für den perfekten Rahmen, das reibungslose Pingpong und den unglaublichen, fast zauberischen Endspurt! Jon sagt: Dir Christine, meinen innigen Dank dafür, dass es dich gibt zu meinem Glück.

Weiterführende Literatur

Asgodom, Sabine/Brockert, Siegfried: *Das Glück der Pellkartoffeln: Vom Luxus der Zufriedenheit*, München: Kösel, 2009.
Die Autoren machen den Mund auf, treten uns auf die Zehen (und sich selbst auch) und räumen auf mit der tradierten Fehlhaltung, dass wir alle zum Glücklichsein ein Haus, ein Auto, ein Pferd brauchen und – zu allem Überfluss – jedem von uns all das sogar wie selbstverständlich zusteht.

Dalai Lama: *So einfach ist das Glück*, hrsg. von Karin Lichtenauer, Freiburg: Herder, 2004.
Herzlichkeit, Mitgefühl, Freundlichkeit und Geduld sind für den Dalai Lama die Schlüssel zum Glück. Besonders anregend: die kleinen Geschichten und Gleichnisse, die uns das Oberhaupt des tibetischen Buddhismus mit auf den Weg gibt.

Fischli, Peter/Weiss, David: *Findet mich das Glück?*, Köln: Verlag der Buchhandlung Walther König, 2007.
In diesem sinnigen Büchlein der berühmten Schweizer Installationskünstler finden sich Fragen an uns selbst, wie wir sie uns so noch nie gestellt haben. In jeder Situation anregend und außergewöhnlich zum Inspiriertsein und In-sich-hinein-Schmunzeln. Ein kleiner Alltagsbegleiter für die Handtasche und Aktenmappe.

Hentschel, Beate/Staupe, Gisela (Hrsg.) *Glück – Welches Glück*, München: Hanser, 2008.
Eine inspirierende Monografie über das Paradoxon Glück. Die Autorinnen nehmen sich der großen Bandbreite des Begriffes an und bringen seine Vielschichtigkeit auf den Punkt.

Hirschhausen, Eckart von: *Glück kommt selten allein*, Reinbek: Rowohlt, 2009.
Der Kabarettist und Medien-Tausendsassa listet die buntesten Anregungen und Rezepte auf, auf welchen Wegen Glück zu finden und nicht zu finden ist. Ein launiger Band!

Hohensee, Thomas: *Sehnsucht. Die Suche nach dem vollkommenen Glück*, München: dtv, 2009.
Der ehemalige Jurist und Schuldnerberater arbeitet heute als Coach und erklärt, dass es das vollkommene Glück nicht gibt. Auf der Grundlage der modernen Glücksforschung und alter Weisheitslehren wie dem Buddhismus und dem Taoismus zeigt er Wege auf, wie jeder seine Sehnsucht nach Vollkommenheit zügeln kann und stattdessen in kleinen Schritten glücklicher wird.

Klein, Stefan: *Die Glücksformel oder Wie die guten Gefühle entstehen*, Reinbek: Rowohlt, 2002.
Die wissenschaftliche Erklärung des Glücks, wie es entsteht und was man selbst dafür tun kann. Ein Bestseller aus der Sicht des Biophysikers und Wissenschaftsjournalisten.

Lyubomirsky, Sonja: *Glücklich sein. Warum Sie es in der Hand haben, zufrieden zu leben*, Frankfurt/M.: Campus, 2008.
Ein wunderbares Buch zur Grundlagenforschung über das Glück. Die Autorin, Professorin für Psychologie an der University of California, analysiert das »Prinzip Glücklichsein« wissenschaftlich.

Thich Nhat Hạnh: *Alles, was du tun kannst für dein Glück*, Freiburg: Herder, 2010.
In diesem Lesebuch finden Sie die Grundlagen der Achtsamkeit, verfasst von ihrem Meister, dem buddhistischen Mönch Thich Nhat Hanh; mit vielen praktischen Übungen für jeden Tag.

Zobel, Jörg: *Yo – eine Reise zum Glück. Für Manager und andere gestresste Leute*, München: Hanser, 2004.
Seehund Yo verliert sein Glück und macht sich auf die spannende, ereignisreiche Suche danach. Ein wunderbares Buch für Menschen, die die Gegenwart verloren und die Zukunft noch nicht erreicht haben; auch wenn sie keine Manager sind.

Quellen

1 Handler, Beate: *Mit allen Sinnen leben: Tägliches Genusstraining*. Goldegg Verlag: Wien, 2008. S. 25–26

2 *Belehrungen von Lama Gendün Rinpoche. Eine Quelle der Wohltat und der Freude*. Kagyü-Dharma-Verlag, 1993

3 Fink, Claus-J. (Hrsg.): *888 Weisheiten und Zitate für Finanzprofis: Die passenden Worte für jede Situation im Beratungsgespräch*. Wiesbaden, Gabler Verlag: 2007, S. 51

4 Chinmoy, Sri: *Wisdom of Sri Chinmoy*. Published by Arrangement with Blue Dove Foundation. USA, 2000, S. 68

5 Thich Nhat Hanh: *Alles, was du tun kannst für dein Glück*. Freiburg i. Br.: Herder , 2010, S. 54/55

6 Lautenbach, Ernst: *Lexikon Goethe-Zitate: Auslese für das 21. Jahrhundert aus Werk und Leben*. IUDICUM Verlag: München, 2004, S. 294

7 Wahl, Heidi: *Reden für private Anlässe: Schenken Sie doch einfach Worte*. München, GU Verlag: 2007, S. 123

8 *Familienbuch der Deutschen Klassiker. Eine Anthologie in 100. Bänden.* (58. Band) Druck und Verlag des Bibliographischen Verbandes: Hildburghausen und Amsterdam, 1843, S. 219

9 de Saint-Exupéry, Antoine: *Der kleine Prinz*. Karl Rauch Verlag: Düsseldorf, 1956, S. 71

10 Staiger, Emil: *Die Zeit als Einbildungskraft des Dichters*. München: dtv, 1985, S. 147

11 Fried, Erich: *Es ist was es ist*. Berlin: Klaus Wagenbach, 1983, S. 43

12 Bonhoeffer, Dietrich u. a.: *Widerstand und Ergebung. Briefe und Aufzeichnungen aus der Haft* (8. Band aus Bonhoeffers Gesamtwerk). Gütersloh: Gütersloher Verlagshaus, 2005, S. 255

WESTEND

Inéz Krebs

50 einfache Dinge, die Frauen über Sex wissen sollten

256 Seiten. Gebunden

Zuerst sich selbst – und dann gemeinsam Neues entdecken. Unter diesem Motto spannt Inéz Krebs in 50 Kapiteln den erotischen Bogen von Autoerotik bis Zungenspiel, vom ersten Mal bis zum Sex über 60. Im Mittelpunkt stehen die Lust am Frausein, das Wissen um das, was wirklich guttut, und die Kunst, dem Partner offen zu sagen, was frau sich wünscht. Auf der Suche nach ihren und seinen erogenen Zonen wird das Lustspektrum mit allen Sinnen erforscht. Aber Inéz Krebs spart auch heikle Themen nicht aus: Ob Lustschmerz oder tote Hose im Himmelbett – sie bringt die Sache auf den Punkt und bietet alltagstaugliche Orientierungshilfen für die Entdeckungsreise durch erotisches Neuland.

11/1016/01/R

W E S T E N D

Cem Ekmekcioglu

50 einfache Dinge, die Sie über das Altern wissen sollten

240 Seiten. Gebunden

Verjüngungspillen und Anti-Aging-Hormone – Experten und Pseudoexperten versprechen uns immer wieder das Blaue vom Himmel, wenn es darum geht, den Alterungsprozess zu beeinflussen. Und wir schenken ihnen oft Glauben, denn der Wunsch nach Unsterblichkeit gehört zu den ältesten Wünschen der Menschheit überhaupt. Aber was genau ist Altern eigentlich? Was passiert in unserem Körper, wenn die Jahre unaufhörlich voranschreiten? Welchen Einfluss haben Prozesse des Alterns auf unseren Geist, unsere Gefühle und unsere Seele – sprich, auf unser Leben? Cem Ekmekcioglu, Professor für Physiologie an der Universität Wien, behandelt die wichtigsten Aspekte zum Thema Altern, etwa was es mit der inneren Uhr auf sich hat, welche physiologischen Vorgänge im Verlauf der Jahre im Körper stattfinden oder warum Frauen länger leben als Männer. Ebenso diskutiert er die Probleme, aber auch die Chancen des Alterns und zeigt, was wir tun können, um lange und gesund zu leben. Denn »ein bis zwei Jahrzehnte mehr sind drin«!

11/1010/01/R